Vocabulaire de…

Collection dirigée par *Jean-Pierre Zarader*

Le vocabulaire de

Habermas

Christian Bouchindhomme

Dans la même collection

Le vocabulaire de...

Aristote, par Pierre Pellegrin
Bachelard, par Jean-Claude Pariente
Bergson, par Frédéric Worms
Berkeley, par Philippe Hamou
Bouddhisme, par Stéphane Arguillère
Derrida, par Charles Ramond
Descartes, par Frédéric de Buzon et Denis Kambouchner
Diderot, par Annie Ibrahim
L'école de Francfort, par Yves Cusset et Stéphane Haber
Épicure, par Jean-François Balaudé
Foucault, par Judith Revel
Frege, par Ali Benmakhlouf
Freud, par Paul-Laurent Assoun
Goodman, par Pierre-André Huglo
Habermas, par Ch. Bouchindhomme
Hegel, par Bernard Bourgeois
Heidegger, par Jean-Marie Vaysse
Hume, par Philippe Saltel
Husserl, par Jacques English
Kant, par Jean-Marie Vaysse
Kierkegaard, par Hélène Politis
Lacan, par Jean-Pierre Cléro
Leibniz, par Martine de Gaudemar
Lévinas, par Rodolphe Calin et François-David Sebbah
Lévi-Strauss, par Patrice Maniglier
Locke, par Marc Parmentier
Maine de Biran, par Pierre Montebello
Maître Eckhart, par Gwendoline Jarczyk et Pierre-Jean Labarrière
Malebranche, par Philippe Desoche
Malraux, par Jean-Pierre Zarader
Marx, par Emmanuel Renault
Merleau-Ponty, par Pascal Dupond
Montesquieu, par Céline Spector
Nietzsche, par Patrick Wotling
Pascal, par Pierre Magnard
Platon, par Luc Brisson et Jean-François Pradeau
Quine, par Jean Gérard Rossi
Ravaisson, par J.-M. Le Lannou
Rousseau, par André Charrak
Russell, par Ali Benmakhlouf
Saint Augustin, par Christian Nadeau
Saint Thomas d'Aquin, par Michel Nodé-Langlois
Sartre, par Philippe Cabestan et Arnaud Tomes
Sceptiques, par Emmanuel Naya
Schelling, par Pascal David
Schopenhauer, par Alain Roger
Spinoza, par Charles Ramond
Stoïciens, par Valéry Laurand
Suárez, par Jean-Paul Coujou
Tocqueville, par Anne Amiel
Vico, par Pierre Girard
Voltaire, par Ghislain Waterlot
Wittgenstein, par Christiane Chauviré et Jérôme Sackur

ISBN 2-7298-1292-X
© Ellipses Édition Marketing S.A., 2002 - www.editions-ellipses.com
32, rue Bargue 75740 Paris cedex 15

Le Code de la propriété intellectuelle n'autorisant, aux termes de l'article L.122-5.2° et 3°a), d'une part, que les « copies ou reproductions strictement réservées à l'usage privé du copiste et non destinées à une utilisation collective », et d'autre part, que les analyses et les courtes citations dans un but d'exemple et d'illustration, « toute représentation ou reproduction intégrale ou partielle faite sans le consentement de l'auteur ou de ses ayants droit ou ayants cause est illicite » (Art. L.122-4).
Cette représentation ou reproduction, par quelque procédé que ce soit constituerait une contrefaçon sanctionnée par les articles L. 335-2 et suivants du Code de la propriété intellectuelle.

Rédiger un vocabulaire de Jürgen Habermas est une gageure ne serait-ce qu'en raison du volume de l'œuvre : une bonne trentaine d'ouvrages totalisant quelque onze mille pages ! Mais cela ne serait encore qu'un moindre problème si l'œuvre ne couvrait pas tant de domaines dans lesquels elle a non seulement innové, mais dans lesquels encore elle est aujourd'hui au centre des débats : philosophie générale bien sûr, mais aussi sociologie, théorie morale, théorie politique, théorie du droit, philosophie du langage, théorie de l'action, etc. En outre, la composition même de l'œuvre pose des problèmes qui, eu égard aux exigences de la collection qui nous accueille, sont pratiquement insolubles ; en effet, si Habermas est un créateur de concepts (prétention à la validité, activité communicationnelle, éthique/théorie de la discussion, etc.), son lecteur est surtout frappé par sa capacité à intégrer des éléments théoriques venus d'horizons multiples (monde vécu, actes de parole, argumentation, impératifs systémiques, intersubjectivité, etc.). Cette propension est telle que l'on a parfois parlé à son propos de syncrétisme ou de « bricolage » théorique. On en est pourtant loin. S'il est vrai qu'il est un lecteur apparemment insatiable des productions de ses contemporains, auxquels il n'hésite pas à emprunter certains outils, ces emprunts ne sont jamais gratuits ni simplement effectués par commodité. Outre qu'ils sont parfois l'occasion d'une discussion voire d'une controverse au long cours (comme ce fut le cas avec Niklas Luhmann, par exemple), ils sont surtout transformés et rendus homogènes à l'appareil qui les intègre avec une finalité spécifique. Et c'est là que commence le calvaire du lexicographe : s'il est impossible de ne pas rappeler l'origine du concept emprunté, il est généralement tout autant impossible de ne pas rendre compte de la transformation et de la finalité nouvelle, qui est parfois très différente de la finalité originelle, et la définition menace alors de devenir quasiment un essai, d'autant que Habermas a pu, parfois, modifier l'usage qu'il en faisait au fil des écrits. Sans compter, *last but not least*, que Habermas préfère de loin mettre ses notions au travail plutôt que de les définir précisément.

Dans notre cadre, il nous a fallu modérer de trop grandes ambitions. Nous avons privilégié ici ce qui serait plutôt du ressort de la philosophie générale. Nous avons tenté, dans un certain nombre de cas de donner de ces notions un peu plus qu'une définition en les replaçant si possible dans l'histoire interne de l'œuvre (notamment ce qui a trait au débat avec Apel) ; en privilégiant certaines notions centrales, nous espérons avoir pu ouvrir sur les autres concepts ayant bénéficié d'un traitement moins favorable.

Action/activité/agir (*Handlung, Handeln*)

* Activité (ou agir) et action (ou acte) ne se distinguent que du point de vue de leur généralité, mais non dans leur nature : sont ainsi désignés, en général ou en particulier, les faits et les gestes, mais aussi les dits de tout sujet humain, en tant qu'ils sont délibérés. Or c'est parce qu'il faut les supposer délibérés (c'est-à-dire à la fois cohérents dans la mise en œuvre des moyens en vue d'une fin, et, par conséquent, justifiables) que l'on peut parler de la rationalité non seulement d'une action ou d'une activité, mais également de la personne qui la conduit. C'est à ce titre que les concepts d'action et d'activité ont été décisifs dans la redéfinition de la raison proposée par Habermas à partir des années 70.

Dans la *TAC*, Habermas distingue cinq types d'action : l'action *téléologique* où « l'acteur réalise un but […] en choisissant et utilisant de façon appropriée les moyens qui […] paraissent lui assurer son succès » ; l'action *stratégique*, « lorsque l'acteur fait intervenir dans son calcul de conséquences l'attente de décision d'au moins un acteur supplémentaire qui agit en vue d'un objectif à atteindre » ; l'action *régulée par des normes* « lorsque les membres d'un groupe social orientent leur action selon des valeurs communes » ; l'action *dramaturgique* où « l'acteur fait naître chez son auditoire une certaine impression […] en dévoilant plus ou moins intentionnellement sa subjectivité » ; et l'action *communicationnelle* où « deux sujets […] engagent une relation interpersonnelle […] en recherchant une entente sur une situation pratique afin de coordonner de manière concertée leurs projets ou leurs actions » (*TAC1*, p. 101-102).

À vrai dire, ces cinq types d'action sont réductibles à quatre dès lors qu'on les met en relation, soit avec le type de relation qu'ils impliquent, soit — et corollairement — avec la logique du monde dans laquelle s'inscrivent ces actions. Ainsi, l'action téléologique et l'action stratégique n'impliquent qu'une pure relation sujet-objet, et ne postulent que le monde objectif, en tant que régi par des lois ou des règles objectives (que d'autres sujets y soient ou non impliqués) ;

l'action régulée par des normes implique une relation sujet-sujet, mais médiatisée par la société, en ce qu'elle ne postule que le monde social, régi par des normes et des valeurs sociales ; l'action dramaturgique implique également une relation sujet-sujet, mais médiatisée par la subjectivité en ce qu'elle ne postule que le monde subjectif, régi par des expériences vécues personnelles, si bien que seule l'action communicationnelle implique une véritable relation sujet-sujet, régulée par les seules lois du langage dans lequel « se reflètent », en principe sans distorsion, l'ensemble des rapports au monde des participants à l'interaction. Par conséquent, si être rationnel c'est pouvoir justifier ses actions en fonction de ce qui les motive, on observe, correspondant à chacun de ces types d'action, quatre types de rationalité : stratégique, régulée par des normes, dramaturgique (ou expressive) et communicationnelle, la première et la dernière étant en opposition forte.

** Cela étant, il faut dans un second temps opérer une distinction importante entre les actions de type langagier ou linguistique, et celles qui ne le sont pas. En effet, si l'action communicationnelle se distingue des autres formes d'action, elle s'en distingue d'abord par sa relation spécifique au langage ; toutefois, toutes les actions linguistiques ne sont pas nécessairement communicationnelles. Si parler c'est agir, et plus spécifiquement interagir, on comprend bien que l'on peut agir sur quelqu'un d'autre dans le cadre d'une relation dans laquelle l'interlocuteur n'est pas nécessairement appréhendé comme un sujet, dans le cas de la menace par exemple, ou dans celui de la séduction ou de la subornation.

Pour distinguer ces deux catégories d'action, Habermas recourt aux personnes grammaticales :

« Ainsi décrirai-je, écrit-il dans *Pp* (p. 65-66), les actions au sens étroit — dans le cas paradigmatique, il s'agit d'activités simples, à caractère non linguistique — comme des activités finalisées par lesquelles un acteur intervient dans le monde, afin de réaliser des fins déterminées en choisissant et en employant les moyens appropriés. Quant aux énonciations langagières, je les décrirai comme des actes par lesquels un locuteur cherche à s'entendre avec un autre sur quelque chose qui existe dans le monde. Ce sont là des descriptions qui conviennent à ce que l'on peut dire du point de vue de l'acteur, c'est-à-dire du point de vue de la première personne. À cela s'opposent les descriptions faites par une troisième personne, du point de vue d'un sujet qui observe la manière dont un acteur parvient à une fin en menant à bien une activité finalisée, ou la manière dont il s'entend avec quelqu'un, à propos de quelque chose, en formulant un acte de parole. Enfin, du point de vue de la seconde personne, ces descriptions conviennent toujours dans le cas des actes de parole ("Tu me donnes /il me donne/ l'ordre de laisser tomber mon arme") ; et elles conviennent dans le cas des activités finalisées, lorsque cette activité fait partie d'un contexte de coopération ("Tu me remets /il me remet/ l'arme."). »

Autrement dit, du point de vue de l'observateur, donc de la troisième personne, il nous est possible d'identifier une action, mais non de la décrire avec certitude comme la réalisation d'un plan d'action spécifique ; car il faudrait, pour ce faire, connaître l'intention d'action correspondante. Nous pouvons l'inférer à partir de certains indices et l'attribuer à l'acteur, à titre d'hypothèse ; pour nous en assurer, il faudrait que nous puissions adopter le point de vue d'un participant — celui de la première ou de la seconde personne — mais pour cela il faut qu'il y ait eu action langagière (communication, concertation, etc.) ; en effet, l'action non langagière ne se désigne pas elle-même comme l'action qu'elle veut être.

*** La spécificité de la philosophie de Habermas, mais aussi de sa théorie de la société, est donc d'être fondamentalement une théorie de l'action — l'ouvrage majeur de Habermas ne s'intitule-t-il pas *Théorie de l'agir communicationnel* ? Elle se distingue cependant des théories classiques de l'action (de Parsons à Touraine, par exemple) en ce qu'elle introduit un type d'action spécifiquement langagier — pouvant donner lieu à une pragmatique philosophique —, ce qui lui permet d'appréhender la société, et l'activité humaine d'une manière générale, sous les auspices d'une opposition des types d'action en fonction de leur finalité (et/ou de leur « vocation »). Sans doute est-ce là la raison qui fait que l'on perçoit Habermas comme un

« philosophe du consensus » parce que le rôle accordé à l'entente apparaît prédominant — à travers l'action communicationnelle. C'est cependant une perception qui ne rend pas justice à la théorie habermasienne en ce qu'elle lui attribue un irénisme qu'elle n'a pas. En effet, elle ne gomme ni ne minimise les autres types d'actions, bien au contraire ; elle se refuse simplement à analyser les conflits sociaux les plus profonds comme des conflits d'intérêts entre des actions diversement stratégiques — et donc à ne faire de la société qu'un théâtre de rapports de force, de rapports de pouvoir, ramenant nécessairement la légitimation des revendications à une justification du renversement et/ou de la prise du pouvoir. Dès lors que l'on peut établir que les actions stratégiques reposent sur la relation sujet-objet (ce que nul ne conteste), et qu'elles sont par ce fait virtuellement réificatrices, opposer à une action stratégique une autre action stratégique revient, dans le meilleur des cas, à renverser la réification, non à la dépasser. Or c'est aussi (et peut-être surtout) au refus de la réification que se mesure la profondeur d'un conflit social ; pour être recevable et efficient un tel refus doit donc mobiliser d'autres ressources que celles donnant lieu à une action stratégique, c'est-à-dire des ressources propres à restaurer des relations non réifiées. L'horizon de la relation sujet-sujet offert par l'activité communicationnelle est de cette nature, et constitue le contrepoids nécessaire à des actions explicitement réifiantes. Une philosophie ou une théorie de la société, qui ne thématise (comme les théories du choix rationnel, et au-delà la théorie des systèmes par exemple) que l'action stratégique, se dispense, de manière inéluctable, d'éclairer la nature du lien et du tissu social.

Du point de vue de l'économie de pensée habermasienne, il est intéressant de constater que les concepts d'activité, d'action ou d'acte ne deviennent véritablement centraux qu'au début des années 70, corollairement donc à ce que l'on a appelé le « tournant linguistique » ou « pragmatique ». Cette émergence traduit deux évolutions théoriques : d'une part, le recours sur un plan philosophique à la théorie des *actes* de parole ; d'autre part, le recours sur un plan plus sociologique aux théories de l'*action*, toutes plus ou moins inspirées de Max Weber. Pour autant, il ne faudrait pas couper cette théorisation de l'action et de l'activité de la réflexion qui fut au centre des travaux de la toute première période autour du thème jeune-hégélien et marxiste de l'articulation de la théorie et la pratique (ou praxis) comme lieu d'élaboration de la critique. Le supposé « tournant » des années 70 marque certes un choix plus affirmé pour une forme de problématisation de type kantien ou néo-kantien (au détriment de la forme hégélienne, marquée par la philosophie de l'histoire comme philosophie de l'émancipation du sujet, encore très présente dans *C&I*). Toutefois, la réflexion sur les types d'action demeure une réflexion sur la ou les pratiques — il n'est d'ailleurs pas rare de lire, sous la plume de Habermas « pratique communicationnelle » dans un sens strictement équivalent à « activité communicationnelle » — et sur le potentiel critique qui peut s'en dégager. Il reste que l'émancipation n'est plus désormais projetée sur un mode à venir, mais sur un mode actuel — comme un possible universel *hic et nunc*.

En outre, à travers une théorie de l'action intégrant une théorie pragmatique (théorie des actes de parole), on notera que l'action est d'emblée liée à la connaissance (par le savoir d'arrière-plan structuré par la communication par exemple — cf. monde vécu). Ainsi le tournant linguistique/pragmatique permet-il d'entrée de jeu un lien indéfectible entre théorie et pratique propre à fournir un modèle critique — problème sur lequel avait achoppé toute la tradition jeune-hégélienne jusqu'aux derniers représentants de l'ancienne École de Francfort.

Actes de parole (ou de langage, ou de discours)

* La théorie des actes de parole est due au philosophe oxonien J.L. Austin (1912-1960). On la trouve exposée dans *How to do things with words* (1955) (*Quand dire, c'est faire*, 1970). Contre la sémantique de la vérité, alors régnante, qui vise à faire de toute affirmation la description d'un état de choses, Austin fait valoir qu'il est des affirmations qui ont pour vocation d'accomplir quelque chose par leur simple énonciation (ce sont les énoncés du type : « je te baptise », « je te promets », etc.). Ainsi y aurait-il au moins deux types d'affirmations : les affirmations constatives (décrivant un état de choses) et les affirmations performatives (accomplissant ce qu'elles énoncent). Or cela conduisit Austin à aller plus loin : si les affirmations dites performatives sont telles, c'est parce qu'elles s'inscrivent dans une relation de langage, et qu'elles ont donc des destinataires ; faudrait-il donc dire, en contrepartie, que les énoncés constatifs n'en ont pas ? Non, bien sûr. Il faut donc considérer que tout énoncé est un *acte de langage* (ou *de parole* — en angl. *speech act*) et qu'il vise à un degré ou à un autre à « accomplir » (*perform*) quelque chose. Dès lors, énoncés constatifs et performatifs peuvent ne plus être distingués par nature, mais en fonction du rôle joué par les composantes que leur analyse — et celle de tout acte de parole — révèle. Ainsi, selon Austin, un acte de parole est à la fois, en des proportions diverses, une *locution*, une *perlocution* et une *illocution*, en ce sens qu'il recèle une *information*, qu'il engendre un *effet* sur les interlocuteurs et qu'il constitue un *engagement* du locuteur par rapport à ses destinataires.

Cette théorie d'Austin a été reprise et enrichie par le philosophe américain J.R. Searle (1929-), et a été intégrée en linguistique à la pragmatique du langage dont elle est désormais la poutre maîtresse.

En l'intégrant à une théorie générale de l'action afin qu'elle constitue avec la théorie de l'argumentation l'instrument au moyen duquel dégager, pour ainsi dire, le « canon de la raison communicationnelle », Habermas ne va guère la modifier, mais va en révéler certains ressorts en faisant ressortir ce qu'il appellera la « base de validité du discours », c'est-à-dire les conditions universelles et inéluctables de toute entente possible (cf. *SPU*, p. 330 s), ce qu'il appellera encore les « présuppositions pragmatiques de l'activité communicationnelle », à savoir que, pour qu'un acte de parole soit possible, il est nécessaire (ce qui apparaît chez Austin ou chez Searle mais n'est pas thématisé en tant que tel) que le locuteur : 1) s'exprime de façon intelligible ; 2) donne quelque chose à entendre ; 3) se fasse comprendre ; 4) vise l'entente avec ses interlocuteurs. Habermas parlera également, à propos de ces conditions, de la structure universelle du discours (*Diskurs*) (on pourrait également dire de la parole [*Speech*]) dans la mesure où ces conditions sont immanentes à la prise de parole, et par conséquent inévitables et impossibles à contourner. Un locuteur qui prend la parole en situation d'interlocution a intériorisé ces conditions et y tend par principe, de même qu'il attend (et, le cas échéant, s'efforce d'exiger) que la situation dans laquelle il intervient soit une situation dans laquelle notamment : tous les participants disposent d'un même accès à la discussion ; que toutes les personnes concernées puissent voir leur position défendue et loyalement critiquée. Cette situation tout à la fois anticipée et revendiquée par tout locuteur est ce que Habermas appelle la « situation idéale de parole » (cf. notamment *TV*, p. 320 s). Présuppositions pragmatiques et situation idéale de parole appartiennent à un même ensemble quasi transcendantal qui préside à tout exercice sérieux du langage dont on perçoit bien qu'il est aussi un exercice de raison ; or lorsque la communication s'effectue sans contestation de la part des interlocuteurs on comprend que cet ensemble quasi transcendantal soit aussi ce qui permet qu'un acte communicationnel engendre compréhension, entente, cohérence voire certitude, à la fois quant au monde qui est supposé par l'acte communicationnel et quant à l'action que l'on projette d'y conduire de manière concertée. Parallèlement, c'est parce que cette compréhension, cette entente, cette cohérence peuvent avoir lieu que les présuppositions pragmatiques et la situation idéale de parole sont intériorisées par tout locuteur « compétent », et anticipées contrefactuellement dès lors qu'il s'engage dans un acte de langage. C'est en ce sens que l'analyse des actes de langage (de parole ou de discours) permet de dégager un « canon de la raison communicationnelle ».

** Lorsque Habermas entreprit de refondre le modèle critique mis au point dans *C&I* (cf. *infra* Communication, Vérité), qui proposait un modèle de communication fondé sur une herméneutique de type psychanalytique, son objet était d'échapper au paradigme de la conscience de soi dans l'histoire — qui était celui dans lequel la théorie critique, depuis le Lukács d'*Histoire et conscience de classe*, avait déployé ses modèles successifs.

La voie explorée par son ami K.-O. Apel, qui parlait pour sa part d'une communauté illimitée de communication inspirée par Peirce, se situait déjà partiellement hors du paradigme de la conscience, et apparaissait prometteuse en ce qu'elle permettait d'établir la relation sujet-sujet sans ambiguïté, mais sa reconstruction de Kant avec les moyens de Peirce restait trop explicitement attachée à (et dépendante de) la déduction transcendantale. La solution qui s'imposa dès lors à Habermas fut d'étudier l'acte communicationnel tel qu'il est à l'œuvre dans les échanges langagiers quotidiens, et c'est à ce titre que la pragmatique austinienne est apparue comme un recours des plus solides, en même temps que la théorie de l'argumentation développée par S. Toulmin (cf. Argumentation).

Dans la mesure où l'abandon du paradigme de la conscience de soi impliquait l'abandon du primat de la connaissance, la pragmatique offrait cet avantage notable de se présenter comme la théorie d'un type d'action et, par conséquent, d'ouvrir un champ d'investigation largement inexploré dès lors qu'on la plaçait dans le prolongement d'une théorie de l'action en général (cf. Action/activité/agir). Ainsi, par l'analyse de l'acte de parole (cf. *supra* *), Habermas put donner un nouveau statut philosophique (plus riche et plus nuancé, par surcroît) à ce qu'Apel avait déjà désigné, mais en empruntant d'autres moyens, l'*a priori* de la communauté de communication, et, en intégrant la théorie des actes de parole à une théorie de l'action, il faisait rayonner l'apport philosophique de la première sur la seconde, tout en l'inscrivant dans un contexte social d'ensemble, le langage n'étant plus appréhendé comme un objet taillé pour la philosophie mais comme source de la cohésion sociale, dans son immanence et sa quotidienneté. En même temps, il dégageait du monde vécu lui-même, la source des exigences et leur mécanisme, le philosophe se bornant à légitimer des procédures indépendantes de la philosophie elle-même, et à contribuer du même coup à la réflexion du monde vécu en général.

*** C'est sans doute dans *Pp* que l'on trouve l'un des meilleurs exposés de cette intégration des actes de parole à une théorie de l'action, permettant de désigner en retour l'activité orientée vers l'entente non seulement comme un type spécifique d'activité sociale mais encore comme l'archétype de la cohésion sociale (fondé sur ce que j'ai appelé *supra* le « canon de la raison communicationnelle ») : « Les actes de parole se distinguent des activités simples à caractère non-linguistique, non seulement par leur aspect réflexif, celui en vertu duquel ils s'interprètent eux-mêmes, mais encore par le genre de fins auxquelles ils peuvent tendre et par le genre de succès que peut obtenir la parole. À un niveau général, *toutes* les actions, qu'elles soient linguistiques ou non, peuvent assurément être comprises comme des activités orientées vers des fins. Mais dès que nous cherchons à différencier une *activité orientée vers l'entente* d'une *activité orientée vers des fins*, il nous faut tenir compte du fait que le jeu de langage téléologique dans lequel les acteurs poursuivent des fins, obtiennent des succès et produisent des résultats d'action, prend dans la théorie du langage un sens qu'il n'avait pas dans la théorie de l'action ; les mêmes concepts fondamentaux sont ici différemment interprétés. Pour nos fins, la description globale de l'activité finalisée comme intervention dans le monde objectif, à la fois orientée vers un but précis et entraînant des effets à caractère causal, est suffisante. À la fin sélectionnée selon des critères axiologiques correspond une situation dans le monde qu'il s'agit de faire exister par le choix et l'application de moyens paraissant appropriés. Le plan d'action est alors sous-tendu par une interprétation de la situation, à travers laquelle la finalité de l'action est déterminée indépendamment des moyens mis en jeu, comme un état qu'il s'agit de produire causalement, dans le monde objectif. Or il est intéressant d'observer que les actes de parole ne peuvent pas répondre à ce modèle de l'activité finalisée, le locuteur ne pouvant lui-même viser ses fins illocutoires comme le requiert le modèle de l'activité finalisée.

Il est, de fait, impossible de définir les fins illocutoires indépendamment des moyens linguistiques de l'entente. En effet, les énonciations grammaticales ne sont pas des instruments d'entente ; le médium d'une langue naturelle et le *telos* de l'entente s'interprètent réciproquement ; on ne peut expliquer l'un sans recourir à l'autre.

Le locuteur ne peut viser la fin constituée par l'entente comme quelque chose qu'il s'agit de produire causalement, parce que le succès illocutoire (pour autant qu'il dépasse la compréhension pure et simple de ce qui est dit) dépend de l'assentiment rationnellement motivé de l'auditeur […] Les fins illocutoires ne peuvent être atteintes que par la coopération ; elles ne sont pas à la disposition de chaque participant de la communication, comme le sont les effets que l'on peut produire causalement. Un locuteur ne peut s'attribuer *à lui-même* un succès illocutoire. » (*Pp*, p. 67-69.)

Il est peut-être un dernier point à souligner à propos de la controverse opposant aujourd'hui Habermas et Apel et qui trouve son origine dans l'analyse de la théorie des actes de parole : si le locuteur ne peut viser l'entente comme quelque chose qu'il s'agit de produire causalement, cela tient aux présuppositions pragmatiques de la communication. Apel les a reprises à son compte et y a vu une pluralisation de ce qu'il appelait l'*a priori* de la communication — le lien est effectivement évident ainsi que nous le soulignions plus haut. Il leur donne donc un caractère transcendantal que Habermas leur refuse. Ce refus ne tient pas à ce qu'Apel appelle l'« empirisme » de Habermas, mais à une exigence paradigmatique. Il s'agit pleinement d'assumer le paradigme du langage, qui certes peut-être décrit comme logos, mais à condition que ce logos ne soit immédiatement rabattu sur le logos de la tradition philosophique ; l'intérêt présenté par une théorie comme la théorie des actes de parole tient précisément au fait qu'elle porte sur le langage et non sur le logos ! Il ne s'agit donc pas de priver le langage de ses apports spécifiques, car c'est à travers eux que l'on peut précisément transformer le rapport de la philosophie à sa propre tradition. Il faut d'ailleurs noter qu'il n'y a chez Apel de statut particulier accordé à la théorie des actes de parole, pas plus qu'à une théorie pragmatique de l'argumentation, l'une et l'autre pouvant peu ou prou être ramenée chez lui à l'argumentation comprise dans son sens classique d'Aristote à Kant.

Allemagne

* Si l'Allemagne ne peut être assimilée à un « concept », sa centralité dans la pensée de Habermas, et dans son vocabulaire, est cependant patente : que ce soit eu égard à l'histoire allemande, à la politique, à l'actualité, ou à l'avenir de l'Allemagne. Habermas n'a jamais cessé de le dire (cf. les entretiens des *KpS I-IV, V, VII*), la catastrophe du IIIe Reich et la reconstruction de la nouvelle Allemagne — la RFA — ont été la raison d'être de son engagement philosophique, mais elles contribuent tout aussi bien à expliquer sa conception de l'activité philosophique, à la fois critique, sociale et politique, ne dissociant jamais productions théoriques et interventions pratiques — d'intellectuel et de « publiciste » (cf. encore les neuf volumes à ce jour de *KpS*). Il fallait en effet aux yeux de Habermas que la philosophie fut tout cela — eu égard à l'histoire et à la culture allemandes dans leur ensemble, eu égard à la conscience de soi de tout individu de nationalité allemande — pour faire front à la situation d'après-guerre, à l'après-Shoah, à la responsabilité, et même à la culpabilité (cf. Jaspers), allemande, à l'avenir de l'Allemagne et de ses habitants. Si on a parfois dit de lui qu'il a été (et est encore) la « conscience » de l'Allemagne contemporaine c'est sans nul doute en raison de cette sorte d'intransigeance qu'il ne cessa d'exprimer pendant toute la seconde partie du XXe siècle, jusqu'à aujourd'hui — intransigeance eu égard au nazisme et aux « continuités allemandes » (incarnées par des hommes comme Seebohm ou Kiesinger en politique, Heidegger et Schmitt en philosophie, etc.) ; intransigeance quant aux attitudes à adopter face aux risques réels de rechute ; intransigeance quant aux choix souhaitables pour l'Allemagne d'aujourd'hui (ancrage à l'Ouest à travers une politique pro-européenne affirmée ; défense des principes universalistes, etc.). Habermas a constamment œuvré sur deux fronts : faire obstacle, autant que possible, par l'usage public des idées, aux continuités allemandes, culturelles et idéologiques, héritières d'une tradition nationaliste, vitaliste et irrationaliste ; contribuer à mettre *au* jour (et à mettre *à* jour) le potentiel émancipateur d'une tradition, également allemande : celle de l'*Aufklärung* — autrement dit, retrouver une dignité allemande en dépassant l'Allemagne.

** La catastrophe du nazisme, en effet, n'a pas été, pour Habermas, qu'un grave accident de parcours. Sans doute, toute culture moderne est-elle profondément double ; mais en Allemagne, du fait sans doute de la dispersion (« nation » éclatée) politique qui a été de mise jusque dans la seconde moitié du XIXe siècle, ce double aspect s'est exacerbé — comme en témoigne même le sens du mot *Kultur*, à la fois civilisation et rapport à soi idiosyncrasique jusqu'à l'irrationnel. Si la catastrophe nazie admet des explications circonstancielles et extrinsèques, il ne faut cependant pas oublier les causes spécifiquement allemandes qui jouent jusque dans les circonstances — l'Allemagne n'a réalisé son unité politique moderne que par l'exaltation de son identité nationale-culturelle, par l'affirmation de soi. Or l'exaltation de la pangermanité a rapidement signifié la négation de tout universalisme et ouvert la porte à la négation de l'humanité. À l'encontre d'une idée communément admise, en Allemagne et hors d'Allemagne, Habermas pense que l'Allemagne en tant que telle — c'est-à-dire l'identité, la culture allemandes —, est la première responsable de la tragédie qu'a connue l'Europe à la fin du « premier » XXe siècle — d'où sa défense de Daniel Goldhagen, par exemple. Séparer le nazisme de l'Allemagne, c'est, pour lui, se priver, sciemment ou non, des moyens de comprendre ce qui l'a rendu possible.

*** Ce rapport spécifique à l'Allemagne a peut-être parfois brouillé la lecture même de l'œuvre par les non-Allemands. On ne perçoit pas toujours clairement le lien entre des ouvrages comme d'un côté l'*Ep*, et de l'autre *C&I* (ou *T&P*), par exemple ; sauf bien sûr à y déceler, toujours renouvelé, un combat en faveur de l'émancipation ou d'une société capable de surmonter ses « pathologies ». L'œuvre de Habermas est telle que sa portée universaliste paraît l'emporter sur tout autre. Il n'est pourtant peut-être pas superflu de garder présent à l'esprit ce qui conduit du particulier à l'universel — de l'Allemagne à l'universalisme.

L'*Ep* est à cet égard exemplaire puisque, s'il s'agit d'une réflexion sur les conditions de possibilité de la participation démocratique à partir d'une archéologie de la notion de « publicité » (notamment dans les traditions anglaise et française). Ce qui se dégage de cette étude c'est l'importance, voire le caractère *essentiel*, pour toute démocratie de l'*Öffentlichkeit* (cf. définition *infra*), concept héritier de l'*Aufklärung*, qui — il faut le noter — est si difficile à traduire, dans toutes ses dimensions, dans les langues des grandes traditions démocratiques, que l'on doit observer qu'il recouvre une réalité finalement élaborée au sein de ces mêmes traditions, mais qui n'est pourtant pensable qu'à partir de l'héritage kantien. De sorte que, dans cet ouvrage, non seulement Habermas revivifie cette part de la culture allemande écrasée par la pangermanité (cf., par exemple les écrits de Schmitt, Heidegger, Gehlen, Freyer contre l'*Öffentlichkeit*), mais encore révèle le rôle que peut jouer la culture allemande moderne dans la réalité démocratique contemporaine. En cela, il s'agit bien d'un ouvrage exemplaire de l'ambition philosophique habermasienne. Pour autant, on peut faire des observations tout à fait parallèles à propos de presque tous ses autres ouvrages. On oublie ainsi bien souvent que *C&I* par exemple trouve son origine dans une enquête menée à la fin des années cinquante sur la réforme de l'université allemande (*S&P*) dans le cadre de l'Institut de Recherche Sociale de Francfort. Il visait à promouvoir deux idées-forces : d'une part, la nécessité de la participation politique ; d'autre part, la nécessité pour les sciences (et pour la connaissance) de s'*autoréfléchir* afin d'échapper à ce qui apparaissait comme le calvaire de l'Université. Celle-ci ayant été incapable de réagir au désastre des années trente et quarante se révélait, ce qui était peut-être pire, incapable d'en tirer la leçon dans les années cinquante — à savoir que les sciences fussent utilisées, au nom de la praticabilité, à d'autres fins que celles qui leur sont propres, favorisant ainsi la domestication de la société. Parallèlement, y était déjà suggéré un nouveau rôle pour la philosophie : alors que les néo-kantiens pensaient encore que cette tâche autoréflexive pouvait être assumée par la philosophie pour toutes les sciences, elle devait désormais s'assigner comme seule tâche d'établir entre les différentes sciences un « contact dialogique » (cf. « Das chronische Leiden der Hochschulreform » (1957) dans *KpS I-IV*, p. 39) — on reconnaît là sans peine le socle de *C&I* (1968), mais, dans une autre perspective, celui également de « La redéfinition du rôle de la philosophie » (dans *M&C*, 1983). Ici encore c'est le contexte allemand qui sert de préambule à une réflexion universaliste.

Ce rapport à l'Allemagne est d'ailleurs à ce point capital qu'il a pu aussi jouer *a contrario*. Ainsi, c'est une lecture fréquemment effectuée que celle qui voit dans le *DpM* un plaidoyer contre la « Pensée 68 » française — parallèle à celui de Ferry et Renaut, p. ex. Tel n'est pourtant pas le cas ; en plus de réélaborer les thèmes déjà présents dans *C&I*, notamment, à partir d'une pragmatique universelle — et donc du nouveau modèle critique forgé dans la *TAC* —, le *DpM* se propose certes dans une certaine mesure de séparer dans la philosophie contemporaine le bon grain de l'ivraie, mais non au sens où il s'agirait du bon grain *allemand* et de l'ivraie *française*. Le projet du *DpM* a été bien plutôt de replacer la pensée française, sans doute avec ses apories et ses limites du point de vue de la théorie critique habermasienne, mais aussi avec son potentiel propre, dans le « projet inachevé de la modernité » et dans l'espace contradictoire de discussion spécifique à la modernité ; ce projet a donc été de restituer la pensée française à une modernité que, dans une certaine mesure et en dépit de ses contradictions, elle n'aurait jamais tout à fait quittée — et, quoi qu'on en pense, la réaction des auteurs visés (Foucault et Derrida en particulier) a plutôt conforté l'analyse habermasienne. Or une telle lecture ne s'impose véritablement que dès l'instant où l'on tient compte d'un facteur trop souvent négligé, à savoir une certaine réception en Allemagne de la pensée française, qui opérait un pur et simple recyclage, ou « blanchiment », de l'Anti-*Aufklärung* sous couvert d'un radicalisme à la française, peu ou prou postmoderne. Ainsi, dans ce cas encore, c'est le rapport à l'Allemagne qui permet d'apprécier sous toutes ses facettes l'entreprise de l'ouvrage, étant entendu que le *DpM* ne saurait en fin de compte se réduire à ce seul rapport, ni à sa critique de la pensée française.

Sans doute n'y a-t-il pas de passage plus clair dans toute l'œuvre de Habermas que ce passage de l'entretien qu'il a accordé en 2001 au *Monde de l'Éducation* dans lequel il résume en formules parfois cinglantes tout ce qui vient d'être dit :

« Je suis d'ailleurs resté très méfiant à l'égard du courant profond, hostile à la civilisation, propre à cet irrationalisme spécifiquement allemand qui fascine si singulièrement un certain nombre d'amis français. Je me souviens de la première soirée avec Foucault à Paris. Nous parlions cinéma, or les auteurs allemands pour lesquels se passionnait Foucault, c'était Syberberg et Herzog — c'est-à-dire des cinéastes se rattachant à un romantisme conservateur —, et non Schlöndorf ou Kluge — nettement plus progressistes.

Le changement de perspective qui s'est produit en 1945 et qui a éclairé d'un jour nouveau tout ce qui m'avait jusque-là paru normal et banal m'a pour ainsi dire vacciné contre ce que pouvaient avoir de séduisant certains thèmes et certaines tournures d'esprit — contre le pathos de la décision, l'héroïsme suffisant et la mentalité de lieutenant jeune-conservateur dont pouvaient se prévaloir des gens comme Ernst Jünger, Hans Freyer et Arnold Gehlen. La rhétorique prétentieuse et l'ivresse des profondeurs dont se délectent les nietzschéens me répugnent tout autant que l'ostentation avec laquelle le mandarinat associait dans une attitude élitiste l'allemand et le grec ancien. Les traces de ce platonisme funeste qu'on cultivait dans l'ancien lycée allemand me dégoûtent d'ailleurs tout autant quand je les retrouve dans les spéculations de Walter Benjamin sur la "violence fondatrice" ou dans les jongleries intellectuelles de Marcuse sur la dictature pédagogique. Mon propre développement intellectuel ne peut guère s'expliquer hors de la confrontation qui, ma vie durant, m'a opposé à des figures telles que Heidegger ou Carl Schmitt.

Le national-socialisme a pu d'autant moins recourir à des ressources qui lui étaient propres qu'était vaste le réservoir d'idées dans lequel il pouvait puiser. La corruption morale de l'université allemande à partir de 1933 ne s'explique que par cette multiplicité d'affinités intellectuelles que plus personne n'a voulu admettre après 1945. Après la guerre, il était devenu impossible de s'approprier nos traditions sans un examen préalable. J'ai, quant à moi, considéré ce travail de discernement, de "critique" au sens littéral, également comme un devoir professionnel. » (« Un référendum pour une Constitution européenne ? », p. 14.)

Argumentation

* Empruntée à Stephen Toulmin (*Les Usages de l'argumentation* (1964)), la théorie de l'argumentation devient centrale dans la philosophie de Habermas au début des années soixante-dix, lorsqu'il choisit de recourir, pour son nouveau modèle critique, à une architectonique inspirée non plus d'une « herméneutique des profondeurs » (comme c'est encore le cas dans *C&I* où il propose une critique de l'idéologie forgée à partir d'une forme de psychanalyse « sociale » — cf. Alfred Lorenzer et Alexander Mitscherlich), mais d'une pragmatique universelle.

Dans ce nouveau cadre, l'argumentation est donc tout à la fois le processus, la procédure et la production d'éléments par lesquels la prétention à la validité qu'un locuteur attache à un acte de parole (de langage ou de discours) peut être justifiée, ou contestée et/ou réfutée par un interlocuteur (cf. *TV* p. 300-303 ; *TAC1* p. 39-49.) — définition qui vaut encore pour l'essentiel aujourd'hui (cf. *V&J*).

L'argumentation est donc la forme logique de la discussion, non sous l'aspect du contenu des énoncés (qui suppose une théorie de la signification), mais sous l'aspect de l'engagement pragmatique que supposent les actes de langage (ou peut-être plus justement de discours). La validité (ou la vérité au sens large) en fonction de laquelle cette logique se déploie (entre la prétention supposée par l'acte de parole, de langage ou de discours et la procédure de justification) n'est ni une validité empirique ou ontologique, ni une validité de pure cohérence, mais une validité par consensus, par l'accord (*Einverständnis*) ou l'entente (*Verständigung*) des participants à la discussion (producteur et récipiendaire de l'argumentation) ; elle obéit autrement dit à la « force » non coercitive du meilleur argument — qui ne saurait être le meilleur argument « absolument » (ce qui n'aurait guère de sens), mais le meilleur argument *en l'espèce*. Ce qu'il s'agit de souligner à cet égard, c'est que cette « force » n'a aucun caractère de coercition (elle n'est donc pas une force [*Gewalt*] au sens où la force est susceptible de s'opposer à la raison comme violence) parce qu'elle est le corollaire de l'engagement préalable à la discussion elle-même (cf. les présuppositions pragmatiques et les idéalisations) à reconnaître un argument comme *meilleur* (que ceux que l'on est susceptible de fournir le cas échéant), et, par conséquent (autrement dit, par voie de conséquence *raisonnable* et *rationnelle*) à se ranger à ce qu'il affirme, sans reniement de soi, ni concessions (cf. *TV* p. 308-309) — la force du meilleur argument s'apparente au *self-surrender* (sorte d'« auto-rédition » argumentative) de Ch. S. Peirce, également tenu pour une pierre angulaire de son « système » par K.-O. Apel, or si Apel y voit le fondement de l'éthique, Habermas ne le tient que pour un *Müssen*, non pour un *Sollen* (le devoir au sens proprement moral).

La théorie de l'argumentation permet donc de forger un modèle de discussion « idéale » en fonction des idéalisations (cf. Idéalisations) spontanément produites par toute personne linguistiquement compétente (et virtuellement rationnelle) s'adressant à une autre personne linguistiquement compétente — c'est ce qui sera longtemps décrit comme la « situation idéale de parole ». Elle offre donc un schéma de compréhension du « mécanisme » de la discussion, qui intervient lorsque la communication est perturbée, et de restauration du consensus propre à la communication. Elle occupe donc une part essentielle dans le modèle critique (dont elle contribue à forger la base normative) qui s'est substitué à celui de *C&I* dans lequel la restauration de la communication déformée s'opérait selon un modèle thérapeutique (analyste-patient).

** L'intégration d'une théorie de l'argumentation à une pragmatique du langage n'est, du strict point de vue des disciplines, requise ni par la théorie de l'argumentation ni par la pragmatique linguistique, lesquelles ont été développées indépendamment. Toulmin, qui fut le promoteur de la théorie de l'argumentation — aussi appelée logique informelle — est un élève de Wittgenstein, non d'Austin. On pourrait donc dire que c'est une originalité de Habermas que d'avoir procédé à cette intégration, mais ce serait inverser la démarche : Habermas n'est pas parti des disciplines constituées, mais de plusieurs problèmes concourants. 1) forger à nouveaux frais un concept de raison qui ne soit plus tributaire, comme il l'avait été dans la tradition allemande post-hégélienne, de la philosophie de la conscience et de la philosophie de l'histoire ; 2) tenter, par conséquent, de proposer un modèle de la communication non déformée qui ne soit plus posé comme un horizon à atteindre au moyen d'une procédure de prise de conscience (autrement dit d'une philosophie de l'histoire et du sujet), clivant l'humanité en deux sujets : le sujet aliéné et le sujet de l'histoire (en somme déjà « réconcilié » pour parler en termes hégéliens) ; enfin et toujours dans la même optique 3) pouvoir fonder une relation sujet-sujet sans, non plus, recourir à une philosophie de la conscience et du sujet (toujours peu ou prou vouée à l'asymétrie : si le sujet (le moi, le je) se présente fondamentalement comme *Ego*, *Alter* (le tu, le toi) est voué à rester son objet — quand bien même privilégié). L'idée, défendue par son ami K.-O. Apel de l'humanité comme communauté illimitée de communication — extrapolation de la communauté illimitée des savants de Peirce —, offrait des solutions partielles aux problèmes rencontrés par Habermas au sens où elle proposait une reconstruction du « fait de la raison » en faisant de l'entente (et donc de la communication non déformée) le principe régulateur d'une communauté illimitée de parole. C'est la reprise et la restructuration de cette idée, qu'il fallait rendre compatible non seulement avec une démarche critico-théorique mais encore avec une théorie de la société, qui conduisit Habermas à décomposer l'idée communicationnelle — d'où le recours à la pragmatique linguistique. Même s'il est vrai que le tableau n'a pas toujours été aussi net (notamment au début des années 80), le fait est que, chez Apel, aujourd'hui encore, d'un point de vue architectonique, argumentation, discussion et communication ne se différencient guère. Pour Habermas, en revanche, si l'on se place du point de vue du logos, l'argumentation ne se *dissocie* certes pas de la communication ni de la discussion (*Diskurs*), mais requiert cependant d'être distinguée de l'une et de l'autre dès lors qu'on l'appréhende du point de vue de la rationalité pragmatique du langage (cf. *infra* ***). De ce point de vue, en effet, argumentation, communication et discussion n'ont ni le même statut théorique ni la même fonction pratique ; schématiquement, nous dirons que la communication est l'activité la plus élémentaire (il y a communication quand x personnes s'accordent spontanément sur le monde et sur l'action qu'elles sont susceptibles d'y produire) ; que la discussion est une activité réfléchie qui n'intervient que lorsque la communication est perturbée (c'est-à-dire lorsque l'accord sur le monde et l'action à mener ne va plus de soi), et qui vise à restaurer l'accord, et donc la communication ; que l'argumentation, enfin, est la forme que prend, de manière concertée et délibérée, l'activité langagière dans la discussion. « Avec le passage de la communication à l'argumentation, les prétentions à la vérité des énoncés peuvent être traitées sur le mode hypothétique et appréciées à la lumière de raisons. » (*V&J*, p. 284.)

Parallèlement, l'argumentation est également la forme selon laquelle il est possible de reconstruire une action communicationnelle élémentaire, ayant débouché sur l'accord spontané — l'entente — des participants — l'impossibilité de la reconstruction revenant à constater le caractère illusoire de l'accord. C'est d'ailleurs par l'analyse de l'activité communicationnelle que la définition donnée ci-dessus a pu être dégagée, révélant que la logique argumentative (ou logique informelle) est déterminante pour *tout* acte communicationnel.

L'objet de la théorie de l'argumentation est donc de mettre en évidence et en rapport les conditions de possibilité de la discussion, en sériant les prétentions à la validité liées aux actes de parole (ainsi toutes les prétentions à la validité (cf. *infra*) ne sont pas également susceptibles de discussion — cf. *TV* p. 287), et en définissant le type argumentatif de toute discussion, et au-delà le type de rationalité dont elle procède. La théorie de l'argumentation se présente donc comme une théorie de la raison en acte ou en action. C'est à travers elle que Habermas a pu tenter une redéfinition de la raison comme raison communicationnelle.

*** Il y a donc lieu de ne pas confondre la théorie de l'argumentation et la théorie de la discussion, la seconde thématise la normativité, la première nous en livre les conditions de possibilité ; autrement dit, la première s'intègre à la pragmatique universelle, la seconde en découle.

Dans la perspective d'une fondation transcendantale du primat de la raison pratique, qui a été dès l'origine l'enjeu de l'engagement philosophique apélien (cf. K.-O. Apel, « Retour à la Normalité ? » dans : *Discussion et Responsabilité 2* ; J. Habermas, « Karl-Otto Apel, ein Baumeister... » dans : *VsEzsA*, 1997), une telle distinction s'impose beaucoup moins puisque la démonstration apélienne vise avant tout à démontrer que ce sont les contraintes logiques et pragmatiques (locutoires, perlocutoires mais surtout illocutoires) qui sont la forme même de l'obligation morale.

Chez Apel, communication, argumentation et discussion ne font qu'un, et c'est la tâche de la philosophie à la fois d'établir cette unité et par là même de montrer qu'il n'existe qu'un seul chemin vers la raison. Chez Habermas, la tâche de la philosophie n'est pas d'être préceptrice mais médiatrice. De la même manière qu'elle doit être en mesure de remettre en contact différentes formes d'activité que la parcellisation et l'autonomisation des sphères a séparées, il ne s'agit pas en contrepartie de brouiller les pistes en induisant une forme de rationalité ou de raison qui lui serait propre. Ainsi, ce n'est pas la philosophie qui doit enseigner au monde vécu ce qu'est la raison, mais bel et bien l'inverse : c'est le monde vécu qui a appris à la philosophie que la raison était communicationnelle. La confusion de la communication, de l'argumentation et de la discussion réduirait à néant cette « découverte » en réintégrant la raison communicationnelle dans le giron d'un logos *sub specie aeternatis*.

Aufklärung

* L'*Aufklärung*, ce sont naturellement les Lumières allemandes. Comme les Lumières françaises, l'*Enlightenment* anglais ou l'*Illuminismo* italien, l'*Aufklärung* renvoie à ce courant d'idées qui a parcouru l'Europe et qui était favorable à un progrès fondé sur la raison, non seulement dans le domaine de la connaissance, mais encore et surtout dans celui de la politique et de la morale.

** Cela étant l'idée allemande va plus loin. Il n'est que de se référer au texte de Kant (« Qu'est-ce que les Lumières ? ») pour observer que l'idée d'*Aufklärung* est intimement liée à l'idée d'autonomie individuelle. Avoir un comportement *aufgeklärt* c'est pouvoir penser par soi-même, à la fois parce que l'on refuse d'être placé sous la tutelle d'un autre entendement, et parce que l'on est suffisamment libre pour affirmer ses idées. L'*Aufklärung* suppose donc une autonomie de la pensée et de la volonté, une liberté réfléchie mais également la réunion des conditions qui permettent de les exercer : autrement dit, la liberté politique, et un « gouvernement qui juge profitable […] de traiter l'homme conformément à sa dignité » (Kant, *QL* ?). C'est très exactement à l'actualisation de cette définition kantienne de l'*Aufklärung* que s'est attaché Habermas sa vie durant, contre ceux en particulier qui n'ont tendu à voir dans l'usage public de la raison que la « dictature du "On" » (Heidegger). (Cf. Allemagne).

*** Notons encore que l'allemand comprend dans *Aufklärung* plus que l'idée de Lumières, celle d'éclairement, et l'usage en est possible pour qualifier tout ce qui nous rend les idées plus claires. Or Habermas a souvent joué de cette ambivalence de sens, et notamment pour parler de la finalité de toute science. Les passages abondent, nous ne citerons que celui-ci, déjà ancien, où, concluant son échange avec Gadamer concernant l'« herméneutique des profondeurs », Habermas écrivait : « l'éclaircissement (*Aufklärung*) que suscite une compréhension radicale est toujours politique. » Sans doute, l'« herméneutique des profondeurs » n'est-elle plus aujourd'hui une perspective revendiquée par Habermas, mais cette idée que la philosophie n'a pas à guider, mais qu'elle doit toujours sans cesse contribuer à une compréhension radicale, par quoi elle a une vocation toujours déjà politique, est assurément toujours la sienne.

Communication/action, activité, agir communicationnel(le) (voir aussi Action, Argumentation)

* Concept central, objet d'une quantité impressionnante de malentendus. Il faut commencer par rappeler que le concept de communication chez Habermas est aux antipodes de ce même concept utilisé par les sciences de la communication. Il s'agit dans ce cas d'une activité *stratégique* visant à présenter un projet ou une réalité sous des aspects qui, d'une part, en optimisent la recevabilité par ceux qui en sont (ou seront) l'*objet* et, d'autre part, en minimisent, voire en occultent, les inconvénients et les conséquences, or, chez Habermas, la communication est au contraire l'activité élémentaire par laquelle deux ou plusieurs *sujets* sont capables de se mettre *spontanément* d'accord sur un projet d'action commune ou sur une réalité partagée. On peut dès lors définir la communication de manière stricte comme ce qui se produit entre deux ou plusieurs personnes qui *parlent* sérieusement de quelque chose qui existe ou devrait exister dans le monde, sans qu'aucune ne conteste la validité des affirmations ou des propositions faites par les unes et les autres. La communication recourt par conséquent à un médium dans et par lequel elle s'effectue : le langage. En ce sens, la communication est donc banale et quotidienne, mais elle est aussi vitale ; elle est, en effet, la condition nécessaire à la reproduction symbolique du monde, à l'échange d'information, aux processus d'apprentissage, etc. On peut donc dire qu'elle structure le monde de notre vie quotidienne. Habermas cependant, ce qui est parfois source de confusion, utilise le terme de communication dans un sens plus large, intégrant la discussion (cf. Discussion) ; dans la mesure où celle-ci tend à restaurer la communication au sens strict lorsqu'elle a été interrompue, elle peut se définir comme activité communicationnelle également, sans pour autant se confondre avec la communication stricte (cf. *infra* ***).

** La communication est donc par nature entente (l'entente dont il s'agit ici n'est pas visée mais obtenue, puisque c'est la réalité de l'entente qui définit la communication) ; elle est structurante, puisque essentielle à la reproduction symbolique du monde ; dans la mesure enfin où son médium est le langage, qui en tant que tel excède chaque individu (tant sur le plan diachronique de l'histoire que sur celui, synchronique, de la collectivité) mais le relie potentiellement à tous les autres, la communication est le lien primordial entre les humains, lien par principe coextensif à l'espèce et potentiellement présent chez tous les sujets. À ce titre, la communication possède donc les principaux traits que la philosophie reconnaît à la raison.

*** La communication est aussi l'objet de malentendus en ce qu'elle est parfois confondue chez Habermas avec la discussion — il est vrai que les points de contact entre la pragmatique philosophique d'Apel (qui permet l'identification intégrale de la communication et la discussion) et celle de Habermas sont si nombreux que ceci explique sans doute cela. Pourtant, il convient, chez Habermas, de ne pas les confondre ; la discussion n'est pas communication au sens strict ; elle est toutefois communicationnelle dans le sens où la communication, et l'entente sont sa finalité ; il importe cependant de souligner que la discussion n'intervient que lorsque la communication est interrompue par le désaccord, le conflit ou le différend. Il n'y a donc pas de solution de continuité entre communication au sens strict et discussion, car le discours argumentatif qui se déploie dans la discussion est latent dans la communication, il y est présent comme un régulateur sous-jacent, mais on n'en use pas à proprement parler. Ainsi des prétentions à la validité sont émises dans la communication au sens strict ; toutefois, elles ne sont pas problématisées, parce qu'elles n'apparaissent pas problématiques aux participants — qui, donc, les acceptent consensuellement. Ce n'est que lorsqu'elles deviennent problématiques pour l'un au moins des interlocuteurs — quand, par conséquent, le consensus de fait est rompu —, qu'il s'agit pour le locuteur de les honorer, c'est-à-dire de les justifier après les avoir thématisées (circonscrites, explicitées, etc.). On a alors recours à l'argumentation qui permettra la justification (l'apport de raisons justifiantes) ; on demeure dans le cadre de la communication en général, mais, en l'absence de consensus de fait, il s'agit de restaurer l'entente par la discussion et de tendre ainsi vers un nouveau consensus.

Récemment, Habermas a distingué en outre l'activité communicationnelle au sens faible et sens fort (*V&J*, p. 62-65). Cette distinction vaut à la fois pour la communication au sens strict et au sens large puisqu'elle ne concerne que le type des prétentions à la validité élevées par les actes de parole. On parlera d'activité communicationnelle au sens faible lorsque les prétentions à la validité sont la vérité et la sincérité, au sens fort lorsque la prétention à la validité est la justesse normative. Dans le premier cas, les participants postulent ou escomptent l'identité pour tous du monde mis en jeu par l'acte de langage — qui ne sera donc qu'un acte constatif ou exprimant une volonté sans engagement normatif fort ; dans le second cas, ils postulent ou escomptent le partage intersubjectif du monde social — avec des actes de langage référant au monde social (qui est apprécié, évalué…), en fonction duquel un engagement s'exprime qui met en jeu (ce qui n'est pas vrai dans le premier cas) le libre arbitre des participants, leur autonomie (c'est-à-dire la volonté en tant qu'elle assume des choix normatifs).

Une telle distinction permet de mieux cerner le rôle du principe de la discussion (en tant que principe éthique ou que principe juridico-démocratique) (cf. Discussion, ***). Une prétention à la justesse normative fonctionne dans les limites des normes et des valeurs en vigueur, elle n'est donc susceptible d'être problématisée qu'en relation à ces limites ; ce n'est donc pas le principe de la discussion qui discrimine le type de normativité de la discussion, mais la prétention à la justesse et son éventuelle problématisation, l'une et l'autre impliquant connaissance et engagement par rapport au monde social dans lequel les normes concernées sont en vigueur. Le principe de discussion est donc bien moralement neutre (comme il tend à le demeurer dans l'activité communicationnelle au sens faible) ; on comprend en même temps qu'il puisse se différencier en fonction du type de norme discutée (cf. *infra* Démocratie).

Connaissance

* Jusqu'à la fin des années soixante, le modèle critique habermasien s'est articulé sur une critique ou plus exactement une métacritique de la connaissance. Ce modèle est le suivant : la connaissance est à la fois connaissance de la nature externe et de la nature interne, autrement dit connaissance du monde extérieur et connaissance de soi, science naturelle et science de l'esprit (pour reprendre le découpage en vigueur dans la philosophie allemande du XIXe siècle), si la connaissance du monde extérieur (de la nature externe) aboutit logiquement à une plus grande maîtrise de son objet, deux risques existent : 1) que la maîtrise, devienne domination et que cette domination se mue en exploitation ; 2) que, sur le modèle des sciences de la nature, la connaissance de la nature interne fasse de l'homme un objet qu'il s'agit de maîtriser plutôt qu'un sujet maître de soi, et partant un objet susceptible d'être dominé et exploité par les détenteurs de la connaissance ou des moyens de la connaissance. Il faut donc que les différentes sciences se réfléchissent et découvrent en elles-mêmes leur finalité propre — qui ne saurait autre que le progrès de la liberté humaine —, sinon la technique et la science deviennent des fins pour elles-mêmes, elles sont détournées de leurs fins véritables et se muent en idéologie ; le rôle de la philosophie est de fédérer ces différentes critique en une théorie critique de la société, en œuvrant à ce que s'instaure une communication respectueuse de la relation sujet-sujet — qu'il faut donc libérer des déformations idéologiques (critique de l'idéologie).
Tel est le schéma qui sert de socle aux essais de *T&ScI* et à *C&I*.

** Ce rapport à la connaissance hérite directement de la philosophie postkantienne, et en particulier de l'Idéalisme hégélien. Afin de retrouver l'unité de la vérité et de la liberté, Hegel pense la critique de la connaissance dans le nécessaire mouvement de l'histoire auquel est donné un terme : l'accès à l'absolu comme réconciliation. Or la « descendance » hégélienne, même critique à l'égard de Hegel, va conserver cette conviction, non que l'histoire est un mouvement nécessaire vers la réalisation de l'absolu dans la vérité et la liberté, mais que l'humanité fait son histoire par le progrès de la connaissance de soi et de la conscience de soi — la part de l'humanité rendue consciente d'elle-même par l'autoréflexion et par la connaissance de soi devenant le « sujet de l'histoire ». Cette descendance est incarnée par les jeunes-hégéliens, par Marx qui ne s'éloignera que très partiellement de ce schéma, puis au début du siècle dernier par Lukács, et par l'« École de Francfort », Horkheimer et Adorno — même si chez ce dernier la connaissance « vraie » n'est plus le fait de la science mais de l'art.

Ce n'est pas que ce modèle soit « faux » — il est probable que la science et toutes les activités de connaissance *devraient* retrouver leur finalité propre — mais il apparaît en tout cas très insuffisant et trop peu radical face à une société hautement complexe et à une histoire dont les vicissitudes peuvent difficilement être ramenées à une lutte du « sujet de l'histoire » pour son émancipation.

Lié à la philosophie de la conscience et du sujet, il reste marqué par la métaphysique dont il est issu et on ne peut plus guère aujourd'hui y recourir sans une certaine naïveté philosophique.

*** On remarquera que, lorsque Habermas décide de donner comme paradigme à sa théorie critique celui du langage, il le fait avant tout pour échapper à l'objection qui fait du théoricien critique un « prévisionnaire » de l'histoire, un théoricien qui s'arroge la compréhension du sens de l'histoire *à venir*, non pour abandonner le primat de la connaissance, laquelle continue d'ailleurs de jouer un rôle essentiel dans la théorie habermasienne (Habermas en effet continue de définir le rapport aux exigences de validité, et partant aux normes, comme un rapport *cognitif*, par exemple). Toutefois, le primat s'inverse, ce n'est plus la théorie, la science philosophique et donc la connaissance qui deviennent motrices, mais l'action, qui est appréhendée pour ce qu'elle est, en fonction de son efficience et/ou de sa validité, et qui, à la différence du couple conscience/connaissance, est évaluable par son caractère tangible et explicite (on comprend dès lors peut-être mieux la lente migration de Habermas vers un certain pragmatisme).

Conscience morale

* L'idée de « conscience morale » n'a pas été thématisée par Habermas mais par Lawrence Kohlberg, psychologue américain (1927-1987), disciple de Piaget, qui proposa une théorie du développement de la conscience morale (cf. *M&C*, 134-204).

Selon K., le développement de la conscience morale s'effectue en six stades, regroupés deux à deux en trois niveaux : le niveau préconventionnel (stades 1&2), le niveau conventionnel (stades 3&4) et le niveau postconventionnel (stades 5&6). Le passage d'un stade à l'autre s'effectue en vertu de trois critères en fonction desquels sont formulés les jugements moraux : la complète réversibilité des points de vue à partir desquels les participants proposent leurs arguments, l'universalité au sens d'une intégration de toutes les personnes concernées, et la réciprocité eu égard aux arguments de chacun des participants, le stade 6 étant celui où ces critères sont en principe entièrement respectés.

** Dans ce cadre, nous nous bornerons à livrer simplement les six stades :

Niv. préconv. 1. Le stade de la punition et de l'obéissance
2. Le stade du projet instrumental individuel et de l'échange

Niv. conv. 3. Le stade des attentes impersonnelles et mutuelles, des relations et de la conformité
4. Le stade du maintien de la conscience et du système social

Niv. postconv. 5. Le stade des droits premiers, du contrat social et de l'utilité sociale
6. Le stade des principes éthiques universels.

L'inspiration pragmatiste et kantienne (via Mead, notamment) est évidente. Nous sommes en présence en effet d'un *cognitivisme* très affirmé (c'est par l'apprentissage que l'individu évolue : il serait absurde de dire que tel ou tel individu *est* au stade 3 ou 4, en revanche on constate que, en progressant en âge et en expérience, les individus varient dans leurs jugements moraux, et tendent à varier dans le sens de la progression des stades) ; d'un *universalisme* ; et d'un *formalisme*. Le parallèle avec l'approche habermasienne (qui défend également un cognitivisme, un universalisme et un formalisme) s'imposait donc de lui-même tant l'intérêt que supposait la comparaison des deux approches était manifeste. De fait, la théorie de K. est très explicite sur ses présupposés philosophiques, et dans la mesure où elle est une théorie qui a connu des applications de terrain, elle offrait à l'éthique de la discussion ce double avantage d'être une concurrente proche dont il était possible de tirer des enseignements, et d'ouvrir un terrain expérimental.

*** Habermas est toutefois allé plus loin que cela, et, à cet égard, la réflexion menée à partir de la théorie de K. a été paradigmatique du rôle que Habermas entend voir jouer à la philosophie dans sa collaboration avec les sciences.

D'une part, Habermas a toujours pris K. philosophiquement au sérieux. Certes, K. s'y prêtait, mais il est quand même significatif que Habermas ait eu à sa théorie un rapport d'abord philosophique. D'autre part, l'entreprise de Habermas ne s'est pas bornée à étudier la théorie kohlbergienne du point de vue revendiqué par son auteur. (Le travail sur K. est essentiellement présenté dans *M&C*, et ce n'est pas un hasard si ce recueil s'ouvre sur un essai proposant une « redéfinition du rôle de la philosophie » [redéfinition par rapport au rôle institutionnel généralement joué par la philosophie, non par rapport au rôle joué antérieurement chez Habermas, qui a toujours eu cette approche « dialogique » de la philosophie]).

La théorie de K. est donc l'objet d'une reconstruction à partir des principes de l'éthique de la discussion (cf. *infra* Éthique et Morale), reconstruction qui est alors reportée sur la théorie de l'activité communicationnelle en tant que théorie critique de la société, laquelle se trouve alors modifiée, sinon dans sa structure du moins dans ses instruments.

Chaque type d'action est replacé (et éventuellement qualifié) en fonction des stades moraux de K., à partir desquels l'ensemble de l'activité sociale peut alors être reconstruite dans les dimensions suivantes : attente de comportement, rapport à l'autorité, motivation de l'action, perspective identitaire, représentation de la justice.

Bref, cette reconstruction de la théorie de K. quitte la sphère de la conscience morale pour se présenter comme une véritable *base normative* destinée à une théorie critique de la société.

Ce fut l'apport le plus fondamental de Habermas à l'« éthique de la discussion », qui a été depuis l'objet de profonds remaniements — corollaires à la controverse avec Apel. Il reste que la marque de K. est toujours perceptible dans l'approche habermasienne à travers notamment une conceptualité qui, à partir de K., a associé à la discussion le préfixe post-, que l'on retrouve aujourd'hui dans la notion de *post*national, par exemple, sans connotation temporelle ou historique (loin donc de la querelle autour de la postmodernité…).

Conscience de soi (voir Sujet)

Consensus

* La notion de consensus a souvent été la cible de polémiques, largement dues à l'usage courant du terme qui conduit fréquemment à l'assimiler au compromis. Or, si l'un et l'autre sont censés se constituer sur l'accord, le consensus à la différence du compromis suppose un accord *sans réserve (vorbehaltlos)*. Ainsi compris, le consensus représente donc presque nécessairement une idée-limite, pour ainsi dire, contrefactuelle « par nature » — la question de savoir s'il existe jamais un consensus factuel est d'ailleurs une question métaphysique à laquelle personne ne saurait apporter de réponse, et qui ne doit donc pas entrer en ligne de compte dans la réflexion sur le statut du consensus (cf. *TV*, p. 324-326).

** C'est dans la théorie pragmatiste de la vérité que se trouve l'origine philosophique de la notion. En effet, la vérité peut n'être considérée (cf. *infra* Vérité) que sous son strict aspect logico-formel, lequel postule toujours néanmoins une vérité de contenu, qui peut-être soit une vérité-redondance, soit une vérité-correspondance, mais qui toujours fait un postulat ontologique, lequel, outre son insolubilité, constitue un engagement métaphysique. La seule solution de remplacement à ce type d'engagement nous est offerte par un type de vérité qui postule que sera tenu pour vrai ce sur quoi nous sommes susceptibles de nous mettre spontanément d'accord, quitte à ce que nous révisions par la critique les raisons de notre accord. Dans ce type de vérité, le statut de l'adéquation ne passe plus par un référent en lui-même sujet à caution, mais par une sorte de convention de reconnaissance de ce référent à partir de l'accord des personnes impliquées par ce qui est prétendu être vrai. Ce type de vérité ne résout certes pas tous les problèmes que pose la vérité, mais du moins élimine-t-il la composante métaphysique dès lors que ce qui est susceptible de remise en question ce n'est pas quelque chose à quoi personne n'a accès (les choses en elles-mêmes, par exemple) mais les termes mêmes de l'accord auquel chacun a accès. En ce sens, on parlera donc d'une vérité *consensuelle*.

C'est à cette conception de la vérité que s'est rangé Habermas lorsqu'il a choisi de placer sa réflexion sous le paradigme du langage parce que c'est évidemment une conception qui évite les écueils métaphysiques et qu'elle est éminemment sociale.

*** Le consensus a à vrai dire un double statut. On l'envisage souvent comme une réalité factuelle. Sans doute, cet aspect n'est-il pas absent de la théorie habermasienne. Toutefois, c'est en voulant le réduire à ce seul aspect que l'on est amené à le confondre avec le compromis. Même si l'on dit que le consensus est une idée-limite, cela ne suffit pas à le cerner véritablement. Ce serait évidemment trop dire que l'accord, au fond, importe peu ; il reste qu'il importe cependant moins que la tension ou l'orientation vers l'accord.

C'est ici que la pragmatique rejoint le pragmatisme. En analysant la structure de l'acte de parole, Habermas a fait valoir (cf. *supra* Actes de parole) d'une part que toute énonciation était, de manière incontournable, conditionnée par des présuppositions pragmatiques, et d'autre part que ces présuppositions pragmatiques s'articulaient sur des idéalisations, constitutives de la situation de parole envisagée, et elles aussi inhérentes à l'acte de parole. L'idée consensuelle — c'est-à-dire la tension vers l'accord — est l'une de ces idéalisations, sinon la principale. Parler, c'est *de jure* et *de facto* espérer convaincre. Même la persuasion, qui n'est qu'une stratégie de parole, s'idéalise en espoir de conviction — une sorte de conviction à court terme.

Le statut du consensus n'excède pas, au fond, cette tension, mais ce qui importe c'est ce que recèle cette tension, cette idéalisation. Ce dont elle est porteuse, c'est en effet de la cohésion sociale, et par elle s'explique que la théorie pragmatiste de la vérité consensuelle (que l'on retrouve chez des auteurs comme Wittgenstein ou Stanley Cavell, par ailleurs) puisse ne pas se penser comme une théorie normative (au sens où elle édicterait des normes) mais comme une théorie descriptive. Ce que nous appelions ci-dessus une convention de reconnaissance ne suppose pas en effet que la compétence linguistique soit l'objet d'un contrat. C'est par la simple acquisition d'une langue et donc de la compétence linguistique que s'opère l'apprentissage du monde (cf. Monde), c'est-à-dire des usages *intersubjectifs* de ce qui est tenu, dans un environnement social et naturel donné, pour la réalité. Ainsi, l'idéalisation qu'est le consensus n'est-elle pas transcendantale, comme le pose Apel, car elle ne saurait être *a priori*, elle repose toujours sur une expérience du langage, mais elle est la condition universelle et nécessaire de la reproduction du lien social.

Critique (voir Connaissance, Vérité, Argumentation)

Démocratie

* L'engagement en faveur de la démocratie est sans doute ce qui distingue le plus clairement Habermas de ses aînés francfortois, pour qui, en cela encore très proches de Weber, la rationalisation moderne, la culture de masse avaient factuellement signé l'arrêt de mort de tout éventuel idéal démocratique. Les signes en faveur de cet engagement apparaissent très tôt dans l'œuvre (ils sont même si l'on en croit Habermas antérieurs à l'œuvre puisque co-originaires à l'époque de rééducation — 1945-1947 [cf. *KpS I-IV*, p. 54 s]. Dès 1957, établissant le cadre théorique d'une enquête sur l'engagement politique des étudiants (*Student und Politik*) pour l'Institut de Recherche Sociale de Francfort, c'est en vertu d'un critère très rigoureux et très ambitieux de la *participation* qu'il tente de déterminer le degré de cet engagement. Dans la mesure où l'idée de démocratie était à la base de l'État de droit bourgeois, il fallait gager que les institutions de la nouvelle République fédérale supposaient une forme de validité conforme à cet idéal démocratique, qu'il s'agissait par conséquent d'activer, en s'efforçant de diffuser le sentiment de cette validité plutôt que d'obtenir par des moyens divers et formels un assentiment aux seuls fins de la légitimation. La participation était la clé de cette diffusion et de cette activation. Si les institutions sont porteuses d'un potentiel démocratique, seule une société d'hommes et de femmes adultes peut actualiser ce potentiel et transformer un pouvoir dominateur ou manipulateur en autorité rationnelle. Par conséquent, tendre vers la participation effective du plus grand nombre et instaurer des dispositifs (notamment contre les inégalités factuelles) qui garantissent l'égalité d'accès à la participation politique (cf. *S&P*, p. 13-55) apparurent comme les conditions fondamentales pour l'établissement d'une telle société.

Apparaissent donc d'entrée de jeu des thèmes qui vont être des invariants dans l'œuvre. Il faudra toutefois attendre trente-cinq ans pour que la démocratie soit véritablement au centre d'un ouvrage : *Droit et Démocratie* (1992). Aussi singulier que cela puisse paraître, même dans cet énorme ouvrage, le terme « démocratie » ne fait pas l'objet de la moindre définition, même indirecte. Comme bien souvent chez Habermas, le concept est directement mis au travail.

** Comme dans l'essai de jeunesse, l'accent est mis sur la tension entre le potentiel et son actualisation, mais aussi entre le factuel et les exigences que l'on veut faire valoir (cf. le titre allemand : *Faktizität und Geltung* [Factualité et validité]). La différence entre le jeune philosophe et celui de la maturité tient peut-être à une conscience beaucoup plus aiguë de la complexité de la situation contemporaine, et à la perte de quelques illusions. S'il se démarque en effet de ses aînés francfortois par un engagement sans faille en faveur de la démocratie, l'analyse qu'il fait de la réalité contemporaine n'est pas celle de lendemains qui vont chanter grâce à la théorie critique ou à la théorie de la discussion, mais du moins refuse-t-il de « jeter le gant » : « Je n'ai aucune illusion, écrit-il en fin de préface, quant aux problèmes et aux états d'esprit suscités par la situation qui est la nôtre. Mais ni les états d'esprit ni les philosophies mélancoliques qui les expriment ne justifient l'abandon défaitiste de ces contenus radicaux de l'État de droit démocratique dont je propose une nouvelle interprétation, adaptée aux conditions d'une société complexe. » (*D&D*, p. 13.)

La réalité démocratique contemporaine peut-être analysée selon deux axes : d'une part, celui des démocraties instituées, l'axe politique ; d'autre part, celui de *la* démocratie (au sens où l'on peut dire, p. ex. que l'on désire plus de démocratie), l'axe social. Or ces deux axes, qui sont nés l'un dans l'autre et qui devraient être complémentaires, sont dans un antagonisme dont l'issue est forcément problématique.

Les démocraties se sont instituées avec la modernité sous l'effet de la modernisation de la société ; à cet égard, Habermas part, comme pour sa théorie de la modernité, de Max Weber mais, comme dans sa théorie de la modernité, il fait valoir les ressources que la modernisation a libérées, du point de vue des exigences démocratiques, sur l'axe social contre le phénomène de la rationalisation systémique. Car telle paraît être en effet la situation aujourd'hui, la modernité a permis, à partir des exigences nées du tissu social, que se créent (non sans peine et non sans heurts) des États de droit démocratiques censés garantir ce qui s'était affermi dans le tissu social (autonomie des individus — morale, et au-delà, juridique et politique ; liberté d'opinion et de pensée ; usage public des idées et de la raison) ; or, en même temps, l'autonomisation des sphères d'activité et leur rationalisation spécifiques à la modernité ont tendu à faire des institutions démocratiques des institutions fonctionnant dans le seul but de se préserver en tant qu'institutions, mais non en tant qu'institutions destinées à une fin précise, à savoir garantir les libertés démocratiques. Elles se sont autrement dit systémisées, et elles tendent à traiter tout environnement comme s'il était lui-même systémique, de ce fait le relais entre les démocraties instituées et les exigences démocratiques du monde vécu ne paraît plus assuré.

*** Cela étant la description de la situation, si elle se limite à cela, n'en rend compte qu'imparfaitement. Pour en rendre compte plus précisément, Habermas a non seulement étudié avec une extrême attention le statut du droit dans les États démocratiques de l'Atlantique-Nord, mais a pris pour ce faire quelques distances avec l'éthique de la discussion telle qu'elle avait été formulée dans *M&C* notamment, et telle qu'Apel l'a radicalisée dans sa perspective transcendantale.

Si l'on fait en effet du droit une instance normative en continuité avec la morale et comme devant être subordonné à la morale (c'est encore ce que fait Habermas dans *Droit et Morale* [1984], par exemple), le risque encouru est d'accentuer la fracture qui existe déjà entre le système politico-administratif et le monde vécu. Il faut donc, si l'on considère notamment que la position juridique dominante est positiviste donc hostile par principe à toutes les positions héritières du droit naturel, admettre qu'il existe une relative autonomie du droit sans que cela signifie qu'il y ait pour autant une solution de continuité entre le droit et la morale. Il est en effet une part du droit qui est motrice de la rationalisation systémique (Luhmann a parfaitement montré cela), laquelle ne saurait pour autant être en permanente contradiction, du point de vue du monde vécu, avec un certain types d'attentes normatives qui n'ont pas nécessairement un caractère moral. C'est en effet une chose que de développer une attente morale, dont on sait qu'elle ne saurait être l'objet d'une contrainte, c'en est une autre de développer une attente normative, dont on sait par principe qu'elle doit être l'objet d'une contrainte — le droit étant en effet ce corpus de normes dont on admet légitimement que, dans un État de droit démocratique, elles puissent être appliquées par la contrainte (l'État étant le seul dépositaire de la force publique). Si, en vertu même du principe de la discussion, on admet que l'on puisse s'approprier une norme dont on reconnaît l'applicabilité par la contrainte étatique, il est impossible que cette norme puisse être dite valide selon les mêmes critères qu'une norme morale (la compréhension de l'unanimité notamment diffère inévitablement). Il faut donc poser que d'un principe de la discussion (cf. concernant les énoncés du principe *infra* Discussion, Éthique et Morale), moralement neutre (ce qui veut pas dire a-normatif contrairement à ce que suggère Apel) et premier, on puisse déduire un principe moral (principe « U » — cf. Morale) et un principe juridico-démocratique en fonction duquel dans le monde vécu les attentes normatives sont en quelque sorte sériées en attentes morales et en attentes juridiques. (Cf. *D&D*, p. 121 s.)

À partir de là, il devient envisageable d'articuler ces attentes de telle sorte que leur instauration dans le cadre de l'État de droit lui-même active dans les institutions qui le composent les promesses qui ont présidé historiquement à leur naissance : pour le dire en un mot, que par ce principe de discussion juridique et démocratique il soit permis au monde vécu de s'approprier la loi, et en vertu d'un véritable processus de formation de la volonté générale (par la discussion), que le monde vécu comme société puisse se penser comme peuple souverain et en même temps comme garant des droits dont on peut exiger la jouissance (droits de l'homme et du citoyen).

Ce dispositif permet donc d'expliquer que nos sociétés ne soient pas complètement dans l'état de sociétés administrées kafkaïennes. Il reste que ce dispositif est très exigeant, et peut-être trop pour être viable à très long terme. En effet, il demande (ce que Habermas au fond postulait déjà dès *S&P*) que l'espace public soit presque en permanence dans un processus de formation de la volonté, à propos de toute norme juridique susceptible de discussion (normes problématiques par leur existence ou leur inexistence), et que tout citoyen soit suffisamment au fait de la discussion pour s'approprier ou non cette norme — le modèle « idéal-typique » qui en ressort est celui de la politique *délibérative*. Et c'est ce dont nos sociétés sont le plus loin.

Discussion (*Diskurs*)

* « Sous le terme de "discussion" (*Diskurs*), j'introduis la forme de communication caractérisée par l'argumentation, dans laquelle les prétentions à la validité devenues problématiques sont thématisées et examinées du point de vue de leur justification. » (*TV*, p. 279.)

Le terme allemand *Diskurs* possède un champ sémantique plus large, mais la traduction par *discours* (qui aurait peut-être été préférée par

K.-O. Apel) eût conféré à ce que veut être la notion une dimension monologique difficilement surmontable. La logique de la discussion est une logique pragmatique, souligne Habermas (*TV*, p. 308), qui se distingue donc d'une logique des énoncés (ce qu'est le discours en français) et d'une logique transcendantale qui étudie des catégories (ou des types idéaux).

La discussion a un caractère dialogique, mais elle doit être distinguée du dialogue (Wellmer) ou de la conversation (fût-elle édifiante comme chez Rorty) ; le dialogue ou la conversation n'imposent pas le recours à l'argumentation, parce qu'ils ne définissent pas un cadre de justification. En outre, le terme *Diskurs* tel qu'il est employé par exemple dans *Der philosophische* Diskurs *der Moderne* doit bien sûr (quand bien même avons-nous choisi de traduire cette fois par « discours ») s'entendre là encore comme le débat argumenté (répondant au critère de la discussion) de la philosophie moderne ; on comprend bien dans ce cas qu'il ne s'agit pas d'un dialogue, et moins encore d'une conversation. Une discussion peut donc prendre les contours d'un dialogue, non ceux de la simple conversation ; inversement, une conversation qui tourne à la discussion cesse d'être une conversation, alors qu'un dialogue peut être, mais non nécessairement, une discussion — le critère discriminant étant chaque fois la justification argumentée.

** La discussion, même si elle est une forme de communication, doit se distinguer de la communication au sens strict ; elle est une forme de communication au sens où elle est activité communicationnelle puisqu'elle recherche la restauration d'une entente ; mais la discussion n'intervient que lorsque les prétentions à la validité émises au cours d'un acte de communication stricte sont devenues problématiques, et qu'elles requièrent d'être élucidées puis justifiées, autrement dit lorsque la communication a été rompue. « La communication en vue de l'entente, qui a d'emblée un caractère discursif, connaît une différenciation interne selon les niveaux de la *discussion* et de l'*action*. Dès que les prétentions à la validité, naïvement émises dans l'activité communicationnelle et allant plus ou moins de soi dans un monde vécu commun, sont problématisées et érigées en objets d'une controverse argumentée, les participants passent — même si c'est d'une manière rudimentaire — de l'action à une autre forme de communication, c'est-à-dire à une pratique d'argumentation au moyen de laquelle ils cherchent à se convaincre les uns les autres de leurs conceptions, mais souhaitent aussi apprendre les uns des autres. Dans les conditions de communication d'une telle discussion rationnelle[1], les opinions qui, jusque-là, ont fait partie de l'arrière-plan évident du monde vécu, sont examinées sous l'angle de leur validité. » (*V&J*, p. 37.)

*** Discussion (principe de la) : Rappelons que le principe de la discussion (aussi appelé principe « D ») est un principe qui règle, non toutes les discussions, mais seulement les discussions normatives. Nous en rappelons l'énoncé :
« Une norme n'est véritablement valide que si elle fait l'unanimité des personnes concernées lesquelles doivent toutes pouvoir prendre part à la discussion. » (*M&C*, p. 87, p. 137.) (Cf. Démocratie, Éthique, Morale.)

Droit (voir Démocratie et Système)

École de Francfort

* « École de Francfort » est une étiquette inventée au début des années soixante en marge de l'université, pour désigner, de manière mi-perfide (cette étiquette a une origine plutôt conservatrice), mi-ironique, tout à la fois le centre d'une réflexion politique très radicale (et le cas échéant un foyer d'agitation estudiantine) et un symbole de l'Allemagne d'après-guerre, puisque l'Institut de Recherche sociale était dirigé par deux grands intellectuels rentrés de l'Émigration, Max Horkheimer (qui avait d'ailleurs conservé la nationalité américaine) et Theodor W. Adorno. Lorsque cette étiquette fut imaginée, les références à l'Institut d'avant-guerre étaient plus que floues, les travaux de cet Institut n'ayant pas été republiés — ils ne le seront qu'à partir de 1967.

---

1. Voir J. Habermas, *Théorie de l'agir communicationnel*, t. I, p. 39-59.

** Il n'est pas possible ici de proposer ne serait-ce que l'esquisse d'une histoire de l'École de Francfort (nous renvoyons aux ouvrages de M. Jay et R. Wiggershaus, cf. biblio), et cela n'a d'ailleurs pas lieu d'être dans un « vocabulaire ». Si nous avons intégré cette étiquette à notre lexique, c'est que la locution apparaît dans les ouvrages de Habermas, et pas seulement comme une référence historique, elle a fonctionné et fonctionne encore comme une orientation conceptuelle, et ce à au moins deux titres.

1) D'une part, parce que lorsque cette étiquette fut lancée, Habermas apparaissait comme une figure, sinon la figure de proue, de cette École, et que c'est là un aspect important et revendiqué de l'activité de Habermas Francfort était le foyer d'une réflexion radicale sur l'université et ses réformes, un foyer de réflexion et d'action politiques, un lieu — rare dans l'Allemagne de l'époque — où l'activité de philosophe, d'enseignant et d'intellectuel ne faisaient qu'une. La différence de génération entre Habermas et un Adorno, par exemple, ne s'est fait sentir qu'au moment crucial de la révolte étudiante et les différences théoriques un peu plus tard encore.

Sous cet angle, Habermas s'est toujours perçu et se perçoit encore comme « Francfortois », perception qui est indissociable de sa pratique de philosophe et de publiciste.

2) D'autre part, parce que, lorsqu'au sein de l'Institut, les travaux d'avant-guerre ont commencé à être connus et qu'a été révélé le laboratoire dans lequel s'était faite ce que Horkheimer avait appelé la « théorie critique », la proximité des démarches a été ressentie par Habermas de manière telle qu'il a immédiatement adopté pour lui-même l'ensemble des exigences théoriques attachées à cette conception de l'activité philosophique.

Sous cet angle aussi, Habermas a toujours été et demeure un Francfortois.

*** Enfin, on a souvent aussi parlé d'une « seconde École de Francfort » auquel est également associé le nom de Habermas. Institutionnellement et théoriquement, l'appellation est assez justifiée. Il est indiscutable que, entre 1982 et 1990, Habermas et Apel ont joué un rôle à bien des égards comparable à celui joué par

Horkheimer et Adorno entre 1951 et 1964. Il reste que la continuité entre les deux Écoles pose un problème théorique qui est d'ailleurs au centre de la controverse qui oppose depuis 1989 les deux auteurs. En effet, la pertinence de l'analogie réside non seulement dans ce qu'ont pu avoir de comparable les postes occupés par les uns et par les autres, et donc dans leur activité professorale et formatrice, mais encore dans l'élaboration en tension d'une orientation philosophique nouvelle — disons, pour rester simple, la métacritique pour la première École, et l'« éthique de la discussion » pour la seconde. Or s'il est évident que l'éthique de la discussion, dans sa version habermassienne, s'inscrit dans une théorie critique de la société, rien n'est moins sûr concernant l'éthique apélienne, ne serait-ce que parce qu'elle confère à la philosophie un statut de surplomb par rapport à la société et par rapport au monde vécu — d'ailleurs tenu pour potentiellement dangereux (cf. le premier « Penser avec Habermas contre Habermas », 1989).

Cette seconde École apparaît donc, avec le recul, comme irrémédiablement scindée ; certes, les deux hommes ont conjointement créé un centre de gravité philosophique, mais ce n'est pas un hasard si ce qui a été fait dans ces années quatre-vingt est précisément ce qui est aujourd'hui défait par la controverse. Sans doute cette controverse est-elle avant tout le fait de K.-O. Apel qui a publié trois essais intitulés « Penser avec Habermas contre Habermas », mais, et ce n'est certainement pas un élément contingent, ce qui est dénoncé par Apel dans l'interprétation habermasienne des concepts forgés « en commun » ce n'est ni plus ni moins que le souci permanent de Habermas de rester un théoricien *critique* de la *société*.

Espace public (voir *Öffentlichkeit*)

Éthique/Morale

* L'élaboration d'une morale cognitive formelle fondée sur l'élévation en principe, par une intériorisation réfléchie et assumée de la part des participants à une discussion, des présuppositions

pragmatiques inhérentes aux actes de parole, intervient dans l'œuvre de Habermas, après la *TAC*, dans *M&C* (1983).
Il s'agit en fait d'une réélaboration détranscendantalisée de l'éthique de la communication de K.-O. Apel, centrale dans l'œuvre de ce dernier depuis la fin des années 60 (cf. *L'Éthique à l'âge de la science* [1967-1972]), visant tout à la fois à rendre justice à l'apport théorique d'Apel et à l'intégrer à une théorie critique de la société.

** Considérant les présuppositions pragmatiques comme des *a priori*, Apel fonde ainsi ultimement et établit le primat de la raison pratique. Plus qu'un primat même, Apel établit l'essence morale de la raison sous tous ses aspects, en vertu d'un concept fort de la vérité consensuelle ou communicationnelle. Toute discussion et, en droit, toute communication n'est susceptible d'être concluante qu'en vertu d'une logique « éthique », l'obligation qui est faite à tout locuteur de respecter les *a priori* de la communication, et notamment de ne pas se contredire performativement (affirmer un contenu propositionnel qui contredit ce qui est établi du seul fait de son énonciation, p. ex.), étant fondamentalement, pour Apel, de nature morale.

Une telle démarche confère à la philosophie un rôle de préceptrice, la tâche du philosophe étant de déceler et de contrarier les contradictions performatives qui empêchent l'exercice de la raison dans toutes les sphères d'activité, rôle que Habermas n'accepte pas. Admettant cependant l'existence d'un lien intrinsèque entre les présuppositions pragmatiques et la procédure de discussion par laquelle les normes en crise doivent être réélaborées, il emboîte le pas d'Apel en définissant une éthique formelle qui constituerait le cadre procédural susceptible de produire l'accord de toutes les personnes concernées par la redéfinition d'une norme contestée. À la différence d'Apel, toutefois, il s'agit pour lui de décrire une démarche déontologique, non de la prescrire, la démarche concrète ne pouvant être le fait que des acteurs concernés ; en outre, il circonscrit cette éthique formelle de la discussion aux seules discussions normatives. Il définit donc deux principes : l'un qui est l'extrapolation réfléchie des présuppositions pragmatiques — le principe « U », qui apparaît comme une règle d'argumentation — ; l'autre, destiné à circonscrire la sphère d'exercice de l'éthique de la discussion en tant qu'éthique formelle (l'éthique de la discussion n'étant pas destinée à fournir des orientations concrètes mais à définir le cadre procédural dans lequel s'exercent les discussions pratiques normatives), le principe « D ».

Principe « U » : « Pour être valide une norme doit satisfaire à la condition selon laquelle les conséquences et les effets secondaires prévisibles qui proviennent de ce qu'une norme a été universellement observée dans le but de satisfaire les intérêts de chacun sont acceptables pour toutes les personnes concernées (et préférables aux répercussions qu'engendrerait tout autre espèce de règlement). » (*M&C*, p. 86 s, p. 114 s. ; *DédD*, p. 123.)

Principe « D » : « Une norme n'est véritablement valide que si elle fait l'unanimité des personnes concernées lesquelles doivent toutes pouvoir prendre part à la discussion. » (*M&C*, p. 87, p. 114 s, p. 137.)

« U » se déduit des règles et des présupposés de l'argumentation lorsqu'une discussion a pour objet une norme ; « D » est plus restreint, et ne ressortit pas à la logique de l'argumentation, il fixe le cadre formel d'élaboration d'une théorie morale fondée en raison.

Concernant la fondation en raison, en utilisant (*M&C*, p. 114) l'expression « déduction pragmatico-transcendantale », Habermas suggérait l'idée d'une fondation définitive, ce sur quoi il est rapidement revenu (*M&kH2* [1984], *DédD*, p. 123), la fondation en raison ne pouvant avoir un au-delà à la dissipation du différend.

Cette proposition d'une éthique de la discussion est toutefois restée en butte à quantité de malentendus. Telle qu'elle fut d'abord formulée par Habermas, même clairement différenciée de l'éthique apélienne, elle apparaît encore à l'instar de l'éthique apélienne à la fois comme une méta-éthique, et comme une éthique, formelle certes, mais dont la généralité semble conditionner, jusque dans leur concrétude, les normes soumises à la discussion, comme si la discussion, en quelque sorte, préformait la justesse de la norme adoptée, comme si la prétention à la justesse conditionnait la norme dans son acceptabilité. En outre, restait posée la question des discussions autres que normatives.

À l'issue d'un débat inauguré par une critique d'Albrecht Wellmer (*Ethik und Dialog*, 1987), et face aux problèmes rencontrés dans sa réflexion sur le droit et la démocratie, Habermas renonça petit à petit à faire de l'éthique de la discussion la base normative de sa théorie critique de la société. Dans *D&D*, le principe de la discussion est donc différencié en principe moral et en principe démocratique (ce qui ne va sans poser des difficultés systématiques : ainsi ce serait désormais le principe de la discussion qui devrait donc incarner la projection des présupposés pragmatiques…), en même temps qu'il est posé comme *moralement* neutre (ce qui ne signifie pas *normativement* neutre). Habermas s'oriente donc vers une théorie de la discussion dont l'éthique de la discussion ne serait plus qu'un cas particulier.

*** En outre, Habermas continue depuis le début des années 90 d'utiliser l'expression « éthique de la discussion » mais en reconnaissant qu'elle est génératrice d'erreurs. L'éthique de la discussion est une *morale* formelle, non une *éthique*, la considérer comme une éthique suppose (comme le fait Apel d'ailleurs) que l'on axiologise les normes et la procédure de leur établissement, mais cela n'est pas compatible avec la théorie habermasienne.

En effet, Habermas distingue désormais soigneusement morale et éthique : la *morale* en effet est concernée par l'élaboration et l'examen critique des *normes*, c'est-à-dire des règles d'action qui sont susceptibles d'être acceptées universellement en vertu d'une réversibilité réciproque des rôles et des positions — en tant que telles, elles répondent avant tout aux critères d'une vie *juste* ; l'*éthique* est quant à elle concernée par l'élaboration et l'examen des *valeurs*, c'est-à-dire des règles permettant de fixer les conditions d'une vie bonne pour soi ou pour le groupe auquel on s'identifie. La morale ne propose pas de mode de vie, et elle est universalisable ; l'éthique propose un mode de vie et renvoie essentiellement à une identité.

Idéalisations/situation idéale de parole

* Les idéalisations sont le fruit des présuppositions pragmatiques de la communication (cf. Actes de parole). En effet, dès lors que

j'énonce une assertion, je ne me borne pas à proférer une suite de mots, même articulés selon les règles de la grammaire, je m'efforce de satisfaire à des obligations pragmatiques que je ne puis contourner (être intelligible, exprimer quelque chose prétendant être valide, me faire comprendre, rechercher l'accord de mes interlocuteurs), or je ne puis faire cela sans supposer une réciprocité de la part de mes interlocuteurs — il se peut que je sache qu'elle n'existera pas, mais je ne puis le savoir que pour l'avoir spontanément envisagée, et je sais, en pareil cas, que je pourrai protester légitimement de ce qu'elle ne m'est pas accordée. Cette démarche, qui ne dépend pas de notre volonté, mais dont nous connaissons le mécanisme — auquel nous adhérons si nous prenons la parole —, fait que nous générons une situation idéalisée de parole qui accompagne tous nos actes de parole.
De l'analyse réflexive de la situation de parole se déduit que nous contestions certaines prétentions à la validité, que nous argumentions pour justifier celles que nous avons émises, etc. (cf. Argumentation et Actes de parole).

** Ces idéalisations, si on peut dire qu'elles sont conditions de possibilité de la communication — de la communication spontanée, ou de la communication en voie de restauration par la discussion —, ne doivent cependant pas être dites transcendantales — elles ont un caractère idéal-typique, sans aucun doute, mais elles n'ont pas le statut de catégories ; si elles sont universelles et nécessaires elles ne sont pas *a priori*, car elles n'ont aucune antériorité même logique sur l'acquisition du langage ; elles naissent de l'expérience du langage dans lequel elles se forment — mais elles ne sont pas *empiriques* contrairement à ce que dit Apel du statut qu'elles ont chez Habermas (dans : « La relation entre Droit et Morale », 2001). Il faut donc les dire contrefactuelles en ceci qu'elles se forment indépendamment de la réalité factuelle (contextuelle), sachant toutefois qu'elles conservent comme les types idéaux un caractère de nécessité formelle — autrement dit elles ne sont ni hypothétiques ni fictives.
« La situation idéale de parole n'est ni un phénomène empirique ni une construction pure et simple, mais une supposition inévitable que nous faisons réciproquement dans des discussions. […] Si elle est

contrefactuelle, c'est une fiction *opératoire*. C'est pourquoi je parlerai plutôt d'anticipation d'une situation idéale de parole. » (*TV*, p. 326.)

*** Les idéalisations sont au centre de la controverse entre Apel et Habermas. Mais en leur donnant le statut d'*a priori*, Apel modifie le sens de la pragmatique formelle (cf. Pragmatique) et privilégie la dimension transcendantale. Même si ces idéalisations ne sont pas en elles-mêmes empiriques, elles restent immanentes à l'expérience du langage — c'est ce rapport au langage qui, au demeurant, rapproche Habermas du pragmatisme. Elles ne s'inscrivent pas dans une structure idéaliste et métaphysique, elles sont une composante du langage lorsqu'on en fait la théorie pragmatique (elles ont à cet égard un statut analogue à celui des idéalisations scientifiques, sans lesquelles la science serait impossible), à ce titre il n'y aucune raison philosophique valable qui nous autorise à les tenir pour non falsifiables par principe.

Intérêt (voir Connaissance)

Intersubjectivité

* L'intersubjectivité chez Habermas ne se définit ni comme addition ni comme intersection des subjectivités, ni enfin comme un postulat formé par principe par le sujet conscient de lui-même en tant qu'il est conscient de lui-même (Henrich) ; elle se définit comme constitutive de la subjectivité en tant que celle-ci recourt au langage pour s'exprimer, formant par là même l'hypothèse qu'elle sera *entendue* par d'autres subjectivités.

** Le primat de l'intersubjectivité sur la subjectivité est d'abord la conséquence de choix philosophiques. Ce primat est affirmé très tôt dans l'œuvre de Habermas, et, en tout cas, bien avant le changement de paradigme vers une philosophie du langage (*T&P*, *T&ScI*, *C&I*).
Pour cette première période, le problème peut se formuler assez simplement, dans l'héritage jeune-hégélien. La domination et l'instrumentalisation sont toujours des atteintes portées à la relation

sujet-sujet à partir de la relation sujet-objet ; il faut donc, pour concevoir l'émancipation, poser la relation sujet-sujet comme première. Dans le cadre du paradigme de la conscience, et donc dans celui d'une philosophie du sujet (quand bien même le sujet n'est-il pas le sujet individuel, mais un sujet collectif de la connaissance, p. ex.), le seul recours pour penser le sujet est d'en passer par l'autoréflexion et par l'analyse de la conscience de soi ; mais aussi poussée, aussi prudente et aussi vigilante que soit cette analyse (cf. la discussion de Kant et de Fichte, dans *C&I*, p. 225-246), elle ne peut éviter au moins une dissymétrie entre un sujet déjà conscient de lui-même « guidant » un sujet en voie d'émancipation, avec tout ce que cela suppose de manipulation possible (c'est bien au fond le sens de la critique par Gadamer du modèle « thérapeutique » proposé dans *C&I* — cf. *infra* Vérité). Il est donc apparu nécessaire (et l'idée était déjà latente dès la première version de *LdSs* [1967]) de penser la relation à partir du milieu dans lequel s'effectue la relation, c'est-à-dire, à partir du langage, qui présente cette particularité de n'être pas extérieur aux participants sans être pour autant confiné à l'intimité subjective : « Le langage, c'est-à-dire le médium de nos pratiques de communication, n'est la propriété privée de personne. Personne ne dispose individuellement d'un langage intersubjectivement partagé. En tant qu'elle prend part à une interaction médiatisée par le langage, une personne ne peut à elle seule contrôler le cours et la dynamique des processus d'interpénétration qui président à la compréhension *mutuelle* et à la compréhension *de soi*. La manière dont locuteurs et auditeurs usent respectivement de leur liberté communicationnelle n'est pas une question de choix arbitraire. Le logos qui prend corps dans le langage ordinaire s'actualise à travers les libertés individuelles des uns et des autres, des locuteurs en tant qu'ils élèvent par leurs actes de parole des prétentions à la validité, des auditeurs qui les rejoignent en leur répondant par "oui" ou par "non". Les uns et les autres ne sont libres que parce qu'ils sont les sujets d'un *pouvoir qui les lie* à travers les raisons qu'ils se donnent les uns aux autres, et qu'ils reçoivent les uns des autres. » (*CrQé*, 2001, ms.)

*** Le primat de l'intersubjectivité s'est donc imposé non plus seulement comme une exigence mais comme une conséquence de la nature même du langage, lequel est antérieur logiquement au sujet mais n'entre en acte que par le fait des sujets, et est antérieur génétiquement au sujet, qui, devenu linguistiquement compétent, en est alors dépositaire (au même titre que tout autre sujet), et, par sa compétence linguistique, exerce et assume sa liberté individuelle, son autonomie sociale, et partant son autonomie juridique et politique.

Justification (voir Argumentation)

Langage (voir Actes de parole, Argumentation, Communication, Intersubjectivité)

Modernité

* Le statut de la modernité chez Habermas est à ce point multiple et complexe que nous ne pouvons ici qu'en signaler les aspects les plus saillants.

Globalement, à l'instar des anciens Francfortois, Habermas part de la théorie wébérienne de la modernité, comme sortie d'un monde hiérarchisé et religieux, fondé sur l'autorité et la tradition, sortie qui débouche sur un processus de rationalisation ; mais, à la différence de Weber et des anciens Francfortois, Habermas s'est efforcé de retrouver un concept de raison qui puisse remplir le rôle joué par la raison pratique kantienne tout à la libérant du caractère transcendant que nous impose le « fait de la raison » affirmé par Kant.

Weber n'a pas tort d'observer, à partir du seul Kant, l'épuisement inévitable d'un tel concept de raison, rejeté en fin de compte à l'extérieur de l'homme, occupant la place de la divinité, et finalement victime de la guerre des Dieux. Il reste que si la rationalisation conforme au modèle téléologique moyen-fin avait été opérée conformément à la description de Weber, aucune de nos sociétés ne serait aujourd'hui ce qu'elle est. Décrire nos sociétés conformément au modèle wébérien a finalement été, d'ailleurs, l'entreprise de Horkheimer et d'Adorno, rendus de plus en plus incapables d'opposer à cette description de la marche de l'histoire une articulation recevable de la théorie et de la pratique.

Habermas s'est donc efforcé de retrouver la source de nos contestations. Dès le milieu des années soixante, alors même qu'il tentait de forger un modèle critique plus conforme aux exigences systématiques nées du jeune-hégélianisme, la place du langage lui était apparue fondamentale, toutefois l'idée de raison communicationnelle qui était déjà sous-jacente, était encore soumise à une réalisation liée à l'histoire et à l'autoréflexion consciente d'elle-même, par le biais de la critique de l'idéologie. L'idée de partir du potentiel immanent au langage n'est apparue qu'avec l'abandon de la philosophie de la conscience et de l'histoire.

** Du même coup, la raison communicationnelle comme structurant le monde vécu a permis de reprendre le modèle wébérien et de le complexifier. Certes, la rationalisation au sens wébérien était bien le fait même de la modernité, bien au-delà d'ailleurs de ce qu'avaient décrit Weber, Horkheimer ou Adorno, mais en même temps, dans un certain nombre de cas (et sans qu'il y ait là une nécessité liée à la nature du monde vécu — sur ce point Apel a sans doute raison de se défier du monde vécu, à ceci près que les seules ressources qui sont opposables aux phénomènes systémiques ou à des formes de rationalisation dominatrice sont celles que peut libérer le monde vécu), des « palpeurs » ont pu être installés (cf. *DpM*, p. 430) qui ont fait obstacle à une pure et simple colonisation du monde vécu par le système, et ont permis d'entrevoir une possibilité de « détente » entre la pression de la rationalisation systémique et les exigences fragiles du monde vécu. Il a donc été possible dans cette perspective de donner de la modernité une vision beaucoup plus nuancée et beaucoup moins « jouée d'avance », une vision en tout cas qui légitime que l'on mobilise en permanence les ressources d'entente du monde vécu. En effet, si le système n'entend rien à la raison communicationnelle, celle-ci n'en est pas moins une forme de rationalité et la seule, en tout cas, qui par sa nature (cf. Action, activité) soit à même de dérouter le système et d'enrayer sa progression en lui imposant des détours. Le statut ambigu du droit (cf. *supra*) moderne d'ailleurs est tout à fait propre à favoriser cette résistance par l'entente communicationnelle.

La modernité est donc double, comme chez les anciens Francfortois, mais de telle manière que les deux plateaux de la balance sont moins déséquilibrés (même s'ils le sont) ; c'est à ce titre qu'elle peut être aussi dite « un projet inachevé ».

*** Il faut enfin préciser que la modernité renvoie également, comme chez Foucault d'ailleurs, à une conscience particulière du temps qui établit le lien entre la conception esthétique de la modernité (en rapport avec le nouveau) et une conception politique conditionnée, mais de manière fragile, par les énergies utopiques :

« Depuis la fin du XVIIIe siècle se développe dans la culture occidentale une nouvelle conscience du temps. Alors que dans l'Occident chrétien, la notion de "temps nouveau" désignait jusque-là l'ère à venir qui ne commencerait qu'au jour du Jugement dernier, c'est désormais à sa propre période, à la période présente, qu'on associe l'idée de "nouveauté". Le temps présent se comprend chaque fois comme un passage au nouveau ; il advient et se passe dans la conscience de ce que les événements historiques s'accélèrent et dans l'attente d'un avenir différent. Le nouveau commencement qui marqua la rupture entre le monde de la modernité et celui de l'Antiquité et du Moyen Âge chrétien se répète pour ainsi dire avec chaque moment contemporain, faisant naître quelque chose de nouveau de lui. Le contemporain reconduit sans cesse la rupture avec le passé pour en obtenir un renouvellement continuel. Dès lors les attentes relatives au présent s'inscrivent dans un horizon ouvert sur le futur, qui oriente aussi l'accès au passé. Depuis la fin du XVIIIe siècle, l'Histoire est conçue comme un processus englobant le monde entier, et générateur de problèmes. Dans un tel processus, le statut du temps est d'être une ressource rare à travers laquelle on surmonte, les yeux tournés vers l'avenir, les problèmes que nous lègue le passé. Les périodes passées exemplaires en fonction desquelles l'époque contemporaine pourrait sans hésiter s'orienter ont perdu tout éclat.

La modernité ne peut plus emprunter ses critères d'orientation aux modèles des autres époques. Elle doit exclusivement recourir à elle-même — il lui faut créer sa propre normativité à partir d'elle-même. La contemporanéité authentique est désormais le lieu où s'entrecroisent à la fois poursuite des traditions et innovation.

Le passé ayant perdu sa valeur d'exemplarité et l'obligation étant faite désormais de trouver, dans les expériences et les formes de vie modernes et spécifiques à cette modernité, des principes ayant un contenu normatif, on comprend que la structure de l'"esprit" du temps" ait changé. Il est devenu le médium dans lequel évoluent dorénavant la pensée et le débat politiques. L'esprit du temps reçoit les impulsions de deux mouvements de pensée, qui, bien que contraires, renvoient pourtant l'un à l'autre et s'interpénètrent, à savoir la pensée historique et la pensée utopique ; c'est à leur point de collision que l'esprit du temps s'enflamme. À première vue, ces deux types de pensée s'excluent. En effet, il semblerait que ce soit la vocation d'une pensée repue d'expérience telle que la pensée historique que de critiquer les projets utopiques, et qu'en revanche, ce soit la fonction d'une pensée sujette à l'enthousiasme comme la *pensée utopique* que d'ouvrir des alternatives d'action et des champs de possibilité qui excèdent les continuités historiques. Or la conscience moderne du temps a en fait dégagé un horizon dans lequel pensée utopique et pensée historique s'amalgament. Et c'est en tout cas cette migration des énergies utopiques dans la conscience historique qui caractérise l'esprit du temps tel qu'il empreint l'espace public des peuples modernes depuis l'époque de la Révolution française. Ainsi une pensée politique qui, prise par l'actualité de l'esprit du temps, entend faire face à la pression des problèmes que pose le temps présent, se charge d'énergies utopiques — mais il faut qu'en même temps le surcroît d'attente que cela implique soit contrôlé par le contrepoids conservateur que représentent les expériences historiques. » (*Épo*, p. 104-105.)

Monde (et Images du monde)

* La définition la plus élémentaire de la notion de « monde » selon Habermas pourrait être la suivante : dès lors que l'on admet que « la seule chose que l'on puisse connaître selon la nature, c'est le langage » (*T&ScI*, p. 156) tout ce que à quoi nous avons accès de la réalité est toujours déjà médiatisé par le langage, de sorte que nous n'avons pas accès à la réalité « nue » (qui n'est même qu'une vue de l'esprit) ; ce à quoi nous avons accès c'est à un « monde » structuré linguistiquement. Habermas rejoint Humboldt et Wittgenstein qui défendirent l'un et l'autre l'idée que la langue nous ouvre un monde (cf. *V&J*, p. 264, *Pp*, p. 13 s).

** Cela étant, ce monde global est à l'image du langage qui le structure : il y a cette part du langage auquel nous avons un accès spontané et évident, et cette autre où le langage est « au travail ». Dès lors que le langage nous renvoie toujours au monde, la part la plus spontanée et évidente est la part du monde qui forme à l'insu même des locuteurs à la fois le contexte des conversations et la source des contenus — c'est le *monde vécu* (cf. *infra*) —, ainsi que les formes du monde dont faisons la *supposition formelle*, en fonction des prétentions à la validité que nous élevons en référence à quelque chose qui est ou qui se produit dans le monde — ce sont le monde *objectif*, le monde *social* et le monde *subjectif* (cf. dans *TAC1*, p. 92-118 ; *V&J*, p. 37-38). Le monde vécu constitue notre réserve de certitudes à partir desquelles nous parlons, le monde objectif est celui auquel nous nous référons lorsque nous assertons quelque chose en fonction de la relation épistémique sujet-objet, le monde social celui auquel nous référons par des assertions référant à une relation normative sujet-sujet, le monde subjectif celui auquel nous nous référons en produisant des propositions expressives renvoyant à nous-mêmes. Ce sont en quelque sorte des systèmes de référence grammaticaux.

Dans la *TAC*, le monde global est l'objet d'une présentation plus socio-anthropologique qui recourt aux images du monde, c'est-à-dire aux systèmes culturels qui reflètent le savoir d'arrière-plan d'une société et qui assure une liaison cohérente dans la multiplicité des actions possibles. (*TAC1*, p. 60). Toute société se fait nécessairement une image du monde, laquelle a une fonction unifiante et rend possible une compréhension du monde. Ces images du monde s'inscrivent entre deux pôles : la fonction totalisante et la fonction d'efficience différenciée. La première est le mieux remplie par l'image mythique du monde ; la seconde par l'image rationnelle du monde. La première est fermée et propre aux sociétés traditionnelles, la seconde ouverte et propre aux sociétés modernes. La première est celle d'un monde clos dans lequel nature et culture sont indifférenciées ; la seconde est celle d'univers différenciés en fonction de type d'actions spécifiques — qui correspondent aux différents abords d'un monde vécu moderne et rationalisé.

*** Sans remettre en question cette théorie des mondes, Habermas a précisé sa position dans *V&J*. En effet, jusqu'à récemment, la position anti-ontologique de Habermas refusait globalement le réalisme (sans pour autant défendre une position nominaliste). Il est apparu toutefois que la position anti-réaliste telle qu'elle est formulée par la pragmatique formelle butait sur un problème : si tout ce à quoi réfère la pratique du langage est d'ordre linguistique, risque de disparaître du même coup la possibilité d'un système de références commun qui excède le cercle des contemporains et des locuteurs de même langue, et l'anti-réalisme de la pragmatique formelle risque par là même de se transformer en nominalisme (avec le relativisme que cela suppose). À l'inverse, la position réaliste conceptuelle postule que si le « monde » renvoie à tout ce qui est effectif, il devient alors nécessairement un monde en soi, c'est-à-dire la réalité structurée de manière propositionnelle, et cette fois c'est la vérité consensuelle qui risque de se confondre avec une vérité-correspondance supposée première. Habermas s'est donc rangé à une position intermédiaire, celle, défendue par Putnam, d'un réalisme interne. Putnam, et aujourd'hui Habermas, défendent en effet que dès lors que l'on peut établir une référence invariante à un objet, et que celle-ci est significative à la fois dans la vie quotidienne et dans la recherche scientifique, on peut tenir « consensuellement » (voire conventionnellement) que l'objet est indépendant du langage. Ainsi, si une interprétation, que ses propres conditions de connaissance ont rendue rationnellement acceptable, est identifiée comme erronée dans une autre situation épistémique, sans que le phénomène à expliquer se perde pas au cours du passage d'une interprétation à l'autre, le phénomène peut être tenu pour indépendant de ses interprétations. « Il faut que, en dépit de descriptions *différentes*, on puisse maintenir la référence à un *même* objet. » (*V&J*, p. 297.)

Monde vécu (*Lebenswelt*)

* Comme indiqué dans la définition *supra* (Monde **), le monde vécu est cette part du monde qui forme à l'insu même des locuteurs à la fois le contexte des conversations et la source des contenus. Le monde vécu est le monde de notre vie quotidienne (cf. l'allemand *Lebenswelt* — parfois traduit également « monde de la vie », avec une ambiguïté vitaliste voire biologique.

** La notion de monde vécu a son origine chez Husserl (cf. *infra* ***), mais, telle qu'elle est utilisée par Habermas, elle est empruntée à l'école d'Alfred Schütz, notamment à Thomas Luckmann, John Berger et Melvin Pollner. La première occurrence de la notion dans la *TAC1* (p. 29) est illustrée par une citation de Pollner, qui pose effectivement ce qu'est le monde vécu : « Qu'une communauté se rapporte à un monde posé essentiellement constant, connu et connaissable en commun avec d'autres, procure à cette communauté les fondements offrant une garantie pour une sorte particulière de questions dont le prototype serait : "comment se fait-il que lui voit cela et pas moi ?" »

On voit alors apparaître l'idée d'activité communicationnelle en tant qu'elle structure le monde vécu : « Très grossièrement, l'unanimité anticipée à propos des expériences […] présuppose une communauté d'autres personnes dont on présume qu'elles observent le même monde, des personnes physiquement capables d'expériences véridiques [les sujets capables de parler et d'agir, chez Habermas], dont les motivations les portent à parler "véridiquement" de leurs expériences, et qui parlent selon des schémas d'expression reconnaissables et partagés. Lorsque des divergences se présentent [aspect également essentiel chez Habermas, le passage à l'argumentation ne se fait pas sans dissensus], ceux qui tiennent des raisonnements relatifs au monde se sont préparés à mettre en question tel ou tel aspect contenu dans ces raisonnements. Pour celui qui tient ces raisonnements, une discordance impose qu'il y a des raisons de croire que telle ou telle condition supposée remplie dans l'anticipation de l'unanimité ne l'a pas été. » Ainsi les solutions qui visent à réduire la discordance, « ne mettront pas en question l'intersubjectivité du monde, mais l'adéquation des méthodes par lesquelles le monde est expérimenté et relaté. » [« Mundane reasoning », *Phil. Soc. Sci.*, 4, 1974, p. 47s.] (*TAC1*, p. 30.)

*** Dans son essai sur la *Crise des sciences européennes*, Husserl fait valoir les droits d'un monde vécu en tant que sphère immédiatement présente d'opérations originelles ; en adoptant le point de vue de ces opérations, il fait la critique des idéalisations inconscientes, oublieuses d'elles-mêmes, qui caractérisent l'objectivisme propre aux sciences de la nature. Or, dans la mesure où la philosophie du sujet ignore l'autonomie de l'intersubjectivité langagière, Husserl est dans l'impossibilité de se rendre compte du fait que le sol constitué par la pratique quotidienne de la communication repose lui-même déjà sur des présuppositions idéalisantes — idéalisations dues à une compétence linguistique dont les locuteurs disposent de manière préréflexive, sous la forme d'un savoir implicite.

Ce savoir implicite est de trois types : un savoir de premier plan relatif qui permet d'interpréter la situation de parole et environnementale ; un savoir implicite lié aux expériences vécues ; et enfin un savoir d'arrière-plan dont nous n'avons pas de conscience intentionnelle. Les deux premiers types de savoir débouchent très facilement sur la problématisation ; le troisième au contraire y résiste. Ce savoir d'arrière-plan est un savoir préréfléchi mais stable, immunisé contre la pression des expériences, qui n'est jamais à vrai dire problématisé que fragmentairement. Il est constitutif du monde vécu.

Or ce savoir se caractérise par la *certitude immédiate*, une force de *totalisation* et un *holisme*, et s'il est intense, il est sans nul doute déficient (par sa difficulté même à être problématisé), ainsi même lorsqu'une expérience critique, éventuellement traumatisante, et en tout cas problématisante, vient le transformer en savoir partiellement faillible, immédiatement après la crise il refond les composantes dissociées. C'est un savoir constamment en lutte avec l'expérience, de laquelle il protège le monde vécu tout en étant dans la nécessité de l'intégrer. Ce n'est donc que de manière très progressive qu'il échange avec les savoirs de premier plan. Si l'on veut maintenant bien saisir toutes ces caractéristiques, c'est à la transmission de ce savoir qu'il faut s'intéresser : c'est en effet par l'apprentissage de la langue naturelle concrète, celle que nous parlons dans notre milieu (pays, région, famille, etc.) que ce savoir nous parvient, c'est par lui que nous intériorisons et extériorisons un « monde » ; si bien que par lui nous apprenons non pas seulement une langue mais le langage et ses facultés d'idéalisation, et les problématisations auxquelles nous soumettons les savoirs de premier plan ont donc en quelque sorte leur origine formelle dans cette acquisition primordiale. On perçoit donc que ce savoir se reproduit dans toute activité communicationnelle : il est typiquement un savoir structuré par la communication, de sorte que le monde vécu est également essentiellement structuré par la communication. (Cf. *Pp*, 88-95.)

Morale (voir Éthique, voir aussi Conscience morale)

Öffentlichkeit

* Nous avons choisi de définir le terme allemand, car toutes les traductions que nous en avons proposé restent partielles. Désignant à la fois l'« espace public » (expression qui fut précisément forgée pour traduire l'*Öffentlichkeit*), et une exigence démocratique fondamentale — que tout ce qui a trait aux activités collectives fasse l'objet d'un débat public, au-delà même de l'arène parlementaire —, elle n'a pas d'équivalent strict en français (ni en anglais), même si l'on confère à la notion de « publicité », dans son sens juridique, une signification plus large que celle qu'elle a strictement aujourd'hui, d'obligation faite, en matière d'actes juridiques, réglementaires et législatifs, d'en porter le contenu à la connaissance des sujets de droit. Or, notable effet d'ironie, c'est pour traduire « publicité » ou « *publicity* » que fut justement formé en son temps le terme d'*Öffentlichkeit* (env. 1770) à partir de l'adjectif-adverbe *öffentlich* beaucoup plus ancien.

** L'intérêt de Habermas pour l'*Öffentlichkeit* remonte à son travail sur *S&P*, où il déployait un concept de participation qui sollicitait énormément l'« espace public » puisque cette participation était soumise à des conditions d'expression très rigoureuses (cf. Démocratie *) en vue de l'actualisation des principes valides dans les institutions en place. Et sans doute est-ce pour réfléchir sur les conditions de possibilité de cette participation que Habermas entreprend une archéologie des changements structurels intervenus dans l'espace public depuis les Lumières (*L'Espace public*, 1961). L'objectif de cet ouvrage est de « déplier le type idéal de la sphère publique bourgeoise à partir des contextes historiques propres au développement anglais, français et allemand au XVIIIe et au début du XIXe siècle » (« "L'espace public" 30 ans après », p. 162), afin d'apprécier à la fois ce dont il avait permis l'instauration effective et ce en quoi il s'était perverti et/ou transformé, et surtout s'il offrait encore quelque validité dans le contexte contemporain de l'État social.

Ce dont l'idée de sphère publique permet l'instauration c'est de ce que l'on appellera désormais *la* politique comme activité de débat articulant l'autonomie privée et l'autonomie publique, la sphère des intérêts privés et les cadres de l'État, en offrant un espace dans lequel l'« opinion publique » peut se constituer en pôle de résistance à la domination.

Cette sphère publique cependant n'aura pas le temps de se constituer véritablement. Dès qu'apparurent en effet les institutions qui étaient susceptibles de la garantir, celles-ci furent subtilisées par la classe bourgeoise dominante et réduites à leur expression la plus formelle, signifiant notamment l'exclusion des classes défavorisées.

En 1961, Habermas estimait que la sphère publique bourgeoise était sur le déclin mais qu'avec l'éclosion de l'État social on assistait à un « rattrapage démocratique radical en même temps qu'à une reconversion de l'interpénétration fonctionnelle de l'État et de la société, se déroulant quasiment au-dessus de la tête des participants », c'est-à-dire une manipulation de l'État de droit qui sous le couvert du bien-être anesthésiait la participation active, et appelait à l'acclamation.

*** L'analyse de *D&D* est tout à la fois plus et moins pessimiste. Elle l'est plutôt moins en ce sens que Habermas a procédé, grâce notamment à sa théorie de la discussion et à une élaboration théorique sophistiquée, à une analyse à la fois des institutions et de la société qui révèle qu'il y a une place pour ce qu'il appelle la politique délibérative (cf. Démocratie), et donc les moyens d'investir une sphère publique de telle manière que l'État de droit démocratique réponde aux attentes qu'il suscite. Elle l'est cependant plus au regard de la complexité de nos sociétés. La réponse que Habermas était susceptible d'amener en 1961 paraît claire. Il s'agissait de restaurer contre l'anesthésie une participation active. Vraisemblablement, une telle réponse péchait par excès de simplisme. En 2002, cette réponse est forcément moins claire ; le simplisme n'est plus d'actualité, mais la sphère publique est aujourd'hui beaucoup plus difficilement maîtrisable. Ce dont Habermas convient dans « "L'espace public" 30 ans après » (p. 188) : « Les mass-médias ont aussi des effets contraires. Nombre d'entre eux portent à croire que le potentiel démocratique de l'espace public, dont l'*infra*structure est marquée par des contraintes de sélection croissantes produites par la communication électronique de masse, est frappé d'ambiguïté. »

Postmétaphysique

* On définira peut-être minimalement la pensée postmétaphysique à partir de son contraire : « On reconnaît le format métaphysique d'une pensée philosophique au fait qu'elle n'est ni faillibiliste comme les sciences, ni pluraliste comme les interprétations de la vie qui, dans la modernité, n'apparaissent qu'au pluriel. » (*Pp*, p. 273.)
Ainsi la pensée postmétaphysique est-elle essentiellement pluraliste et faillibiliste.

** Habermas rattache la pensée postmétaphysique aux exigences d'une pensée moderne qui rompt avec la tradition philosophique sous quatre aspects : « Quatre *thèmes* sont caractéristiques de la rupture avec la tradition. Les mots clés qui les définissent sont les suivants : pensée postmétaphysique, tournant linguistique, raison située et inversion du primat de la théorie par rapport à la pratique, autrement dit dépassement du logocentrisme. » Il faut donc noter que le changement de paradigme opéré par Habermas, s'il a répondu à des exigences systématiques, l'a opportunément amené à se conformer à chacun des thèmes de cette pensée moderne.

*** Dans les toutes dernières productions de Habermas (*L'ANh* [à paraître]), on voit apparaître le thème de la postsécularisation, par lequel Habermas constate des rémanences religieuses dont il estime qu'il est nécessaire de les prendre en compte. Un débat assez violent s'en est suivi dans lequel il a été notamment reproché à Habermas de renier son propre attachement à la pensée postmétaphysique ; cet extrait de la *Pp* était pourtant assez clair sur ce rapport : « Après la métaphysique, la théorie philosophique a perdu son statut non quotidien. Les contenus explosifs de l'expérience, propres au non-quotidien, se sont retirés dans le domaine de l'art autonome. Même après une telle déflation, cependant, la vie quotidienne devenue tout à fait profane n'est pas totalement immunisée contre l'irruption bouleversante et subversive d'événements non quotidiens. Vue de l'extérieur, la religion, privée dans une large mesure de ses fonctions de vision du monde, est toujours irremplaçable pour le rapport normalisant avec le non-quotidien dans la vie quotidienne. C'est pourquoi la pensée postmétaphysique coexiste encore avec une pratique religieuse. Et cela non pas au sens d'une contemporanéité de réalités non contemporaines. Bien plus, cette coexistence prolongée éclaire la remarquable dépendance dans laquelle se trouve une philosophie qui a perdu tout contact avec le non-quotidien. Tant que le langage religieux comporte des contenus sémantiques qui nous inspirent ou même nous sont indispensables, et qui (jusqu'à nouvel ordre ?) se dérobent à la force expressive d'un langage philosophique, n'étant pas encore traduits dans des discours argumentés, la philosophie — même sous sa forme postmétaphysique — ne pourra ni remplacer ni évincer la religion. » (*Pp*, p. 61.)

Pragmatique

* La pragmatique (qui doit être distinguée du pragmatisme — cf. définition *infra*) est la branche de la philosophie du langage et de la linguistique qui étudie le langage sous le rapport de l'interlocution (et qui se distingue donc de la sémantique — les contenus —, et de la syntaxe — la forme interne). Elle se confond aujourd'hui pratiquement avec l'étude des actes de parole (cf. Actes de parole).

** Comme nous l'avons déjà précisé à propos des actes de parole, la pragmatique habermassienne s'est efforcée de reconstruire les préalables philosophiques qui sous-tendaient la théorie austinienne. Elle repose donc sur la mise en évidence : des présuppositions pragmatiques de la communication ; des prétentions à la validité inhérentes à chaque acte de parole et en fonction desquelles la discussion peut être menée de manière argumentée (en vue d'honorer ou de justifier ces prétentions) ; d'une situation idéale de parole. Elle associe en outre une théorie de l'argumentation. Dans la mesure où, selon Habermas, les présuppositions pragmatiques sont universelles et nécessaires mais non *a priori*, la pragmatique habermasienne se distingue de la pragmatique apélienne en ce qu'elle est dite simplement *universelle*, alors que la version apélienne est dite *transcendantale*.

*** La controverse qui oppose désormais Apel et Habermas les sépare sur des points de plus en plus essentiels. Le germe de cette controverse est pourtant fort ancien. Cette distinction entre pragmatique universelle et pragmatique transcendantale n'est pas simplement une querelle de mots. Habermas écrivait déjà (*SPu* dans *LdS*, p. 358-359) : « Le choix du terme "transcendantal" pourrait masquer le fait que l'on a entre temps rompu avec l'apriorisme. […]. Or si nous comprenons l'étude transcendantale au sens de la reconstruction des présuppositions universelles et incontournables d'expériences pouvant prétendre à l'objectivité, […] la différence entre l'invocation d'un savoir *a priori* et celle d'un savoir *a posteriori* perd de sa netteté. [...] Le terme "transcendantal", auquel nous associons une opposition à la science empirique, n'est pas apte à caractériser un type de recherche (reconstructrice) tel que la pragmatique universelle, sans susciter de malentendus. »

On peut sur cette même ligne aller plus loin et dire que la pragmatique transcendantale cesse pour ainsi dire d'être une pragmatique en devenant une métasémantique, car elle tend à conditionner transcendantalement la logique des énoncés à la logique des énonciations. L'objectif systématique poursuivi par Apel justifie ses options. C'est par les présuppositions pragmatiques, auxquelles il donne le caractère du devoir-être (du *Sollen*) qu'Apel fonde la raison comme raison toujours déjà pratique ; le lien logique, quel qu'il soit, est donc d'abord un lien pratique (pour ne pas dire exclusivement moral) — énoncé et énonciation n'ont donc pas lieu d'être distingués en nature, ils obéissent à la même contrainte logique.

Pragmatisme

* Il faut en tout premier lieu, quand bien même s'agit-il d'une distinction triviale, distinguer *le* pragmat*isme* de *la* pragmat*ique*. Le premier est un mouvement philosophique américain né à la fin du XIXe siècle, dont les principaux représentants furent William James (1846-1910), John Dewey (1859-1952), et, à la limite de la sociologie, George-Herbert Mead (1863-1931) ; la seconde (cf. définition *supra*) est une branche de la philosophie du langage et de la linguistique. S'il est tout à fait possible de construire des liens internes entre l'un et l'autre — ainsi il est indéniable que le second Wittgenstein s'inscrit dans une démarche proche du pragmatisme et que, ce faisant, il s'engage dans une réflexion sur les règles inhérentes aux jeux de langage qui anticipe la pragmatique du langage —, pour autant ces liens restent contingents.

** Le trait essentiel du pragmatisme réside en ceci que c'est la réussite d'une action et/ou l'efficience d'un usage qui doit constituer le premier critère de la vérité. On associe également, et non sans raison, Peirce au pragmatisme ; chez lui, toutefois, qui créa d'ailleurs le terme de pragmaticisme pour se démarquer du pragmatisme à proprement parler, l'intérêt porté à l'usage s'est dès le départ focalisé sur la méthode expérimentale des sciences naturelles, dont il a cherché à rendre compte par une anticipation du faillibilisme, ou du falsificationnisme : la vérité ne s'établit pas, en science, selon une théorie de la vérité-correspondance mais par la réussite des expériences et par l'accord de la communauté des chercheurs sur les protocoles qui ont présidé à l'élaboration des expériences en question. À la différence de Peirce, c'est bien plus à partir de l'expérience au quotidien (notamment à travers les processus d'apprentissage [James, Dewey] et de socialisation [Mead]) que les autres pragmatistes ont tenté d'élaborer leur approche.

*** Les liens de Habermas avec le pragmatisme sont anciens. Ainsi, il s'intéresse très tôt à Mead, et dans *C&I* il consacre au pragmatisme (peircien) deux chapitres pour le distinguer du positivisme. Il demeure que cet intérêt était soit partiel, soit critique. Or ce rapport s'est un peu modifié au fil des ans, et il est indiscutable que, notamment dans *V&J*, s'il conserve une distance critique par rapport au pragmatisme (dans sa variante rortyenne, p. ex.), il s'en est quand même sensiblement rapproché, accordant de plus en plus d'intérêt à un auteur comme Dewey par exemple (et à Putnam qui défend aujourd'hui un pragmatisme d'inspiration kantienne dont Habermas dit se sentir proche [*V&J*, p. 270]).

Le pragmatisme en effet, si on s'efforce d'en tempérer les tentations résolument empiristes ou au contraire relativistes (Rorty), permet de proposer une conception de la vérité qui repose sur un consensus fort (« grâce au pragmatisme, nous savons que la pratique quotidienne exclut une réserve de principe à l'égard de la vérité. Devant un large arrière-plan de convictions qui sont intersubjectivement partagées ou se recoupent suffisamment, le tissu des pratiques courantes s'appuie sur des croyances plus ou moins implicites que nous considérons comme vraies. » [*V&J*, p. 219]), qui permet de forger un réalisme minimal (entendons par réalisme, la thèse qui défend l'« existence » d'une réalité extérieure), c'est-à-dire, selon l'expression paradoxale de Putnam, un réalisme *interne* — autrement dit encore, un réalisme en vertu duquel la réalité sera consensuellement tenue pour existant extérieurement dans la mesure même où nous pouvons la « vérifier » par l'efficacité de nos actions, et ce sans préjuger du tout de son existence ontologique (laquelle cesse d'ailleurs d'être un problème philosophique).

Dernier point : le rapport du pragmatisme au langage permet une « détranscendantalisation », sans pour autant qu'il y ait nécessairement atténuation de l'universalité des formes et des structures, ni perte du potentiel à produire des idéalisations fortes, structurantes et nécessaires : elles ne s'inscrivent pas, simplement, dans une structure idéaliste et le cas échéant métaphysique.

Présuppositions pragmatiques (voir Actes de parole, Consensus, Idéalisations)

Raison/Rationalisation (voir Action/activité, Actes de parole, Argumentation, Communication, Modernité)

Réalité (voir Monde)

Situation idéale de parole (voir Idéalisations)

Sujet (voir Intersubjectivité)

* En dépit du primat de l'intersubjectivité, ou grâce à ce primat, la philosophie de Habermas demeure une philosophie sinon *du* sujet, du moins *des* sujets. Le locuteur compétent, le citoyen autonome, le sujet juridique, sont autant d'expressions de cet attachement à l'individu adulte susceptible d'exprimer ses idées en privé et en public sans « être dirigé par un autre » (pour reprendre l'expression de Kant).

** Mais il importe si l'on veut penser la subjectivité dans ses dimensions essentielles de liberté et d'autonomie (morale, sociale, politique et juridique), que *tous* les sujets soient pensés dans des conditions qui permettent à la fois la description de ces dimensions et leur expression. Or les théories *du* sujet, c'est-à-dire de la conscience de soi comme fondatrice de toutes les relations cognitives et pratiques, ne le permettent pas. Sans doute, exprimées sur un mode monologique flattent-elles celui à qui elles s'adressent — qui est toujours *le* sujet — mais elles ne permettent pas de penser la relation qui relie ce sujet à *tout autre* sujet de telle manière que l'un ne soit à aucun moment l'*objet* de l'autre (voir Intersubjectivité).

*** Habermas a critiqué la théorie métaphysique du sujet de Dieter Henrich dans *Pp*, voici les linéaments de son argumentation présentés par Habermas lui-même : « Le sujet qui se rapporte à soi sur le mode de la *connaissance*, rencontre le soi, appréhendé en tant qu'objet, comme étant, sous cette catégorie, déjà dérivé, et non comme ce qu'il est lui-même, dans l'originalité de sa position d'auteur d'une relation à soi spontanée. À travers le dernier Schelling, Kierkegaard a repris ce problème fichtéen et en a fait le point de départ d'une réflexion qui précipite dans la "maladie à la mort" celui qui se livre à une réflexion existentielle sur lui-même. Rappelons les trois étapes par lesquelles commence la section A de l'écrit qui porte ce titre. (1) Le soi n'est accessible qu'à travers la conscience de soi. Or, comme cette relation à soi ne peut être contournée dans la réflexion, le soi de la subjectivité n'est que le rapport se rapportant à lui-même. (2) Il est inévitable, ou bien qu'un tel rapport se rapportant à lui-même en tant que soi au sens que nous venons d'indiquer, se soit instauré lui-même, ou bien qu'il ait été instauré par autrui. » (*Pp*, p. 33.)

Système

* La notion de système est empruntée à Niklas Luhmann (1927-1999) avec qui Habermas a entretenu une controverse de plus de vingt ans.

La théorie des systèmes est une théorie sociale qui provient de la rationalisation wébérienne via Talcott Parsons. L'idée de système social est en effet celle de sphères d'action et de valeur qui, ayant été autonomisées et rationalisées, ont atteint un degré de complexité suffisant pour devenir des structures indépendantes qui n'obéissent qu'à leurs impératifs et qui ne visent que leur maintien. Ces sphères systémiques autonomes sont essentiellement le droit, l'économie, la politique ; mais Luhmann avait étendu les potentialités de sa théorie au point de pouvoir tout intégrer : l'art, les comportements, les modes, etc.

** Habermas, lorsqu'il a opéré le changement de paradigme, quittant la philosophie de la conscience pour la philosophie du langage, a trouvé dans la théorie de Luhmann la description de ce à quoi devait faire face le monde vécu et ce par quoi il était menacé. Il a ainsi construit une opposition forte entre le monde vécu structuré par le langage et la communication, et le système n'obéissant qu'à une rationalité fonctionnaliste, exclusivement téléologique et instrumentale. Il a autrement dit déplacé l'opposition raison/raison instrumentale qui constituait, à partir de la théorie de la rationalisation de Weber, le cadre des analyses des anciens Francfortois. Il y avait encore chez Weber et chez Horkheimer et Adorno une « trace » de raison non instrumentale qui donnait sens à la raison instrumentale ; mais de fait l'analyse wébérienne n'ayant dégagé qu'un concept d'activité rationnelle téléologique, elle ne permettait pas de penser une opposition à la colonisation du monde raisonnable — au demeurant, Weber, pour cette raison même, se rangeait du côté d'une pensée de l'ordre comme du côté du moindre mal. Habermas a entrepris de décrire la réalité contemporaine dans une opposition plus équilibrée entre une raison communicationnelle, certes fragile mais non dénuée de force, et une raison fonctionnelle colonisatrice.

*** Il est intéressant d'observer que Habermas a aussi critiqué la théorie luhmannienne sous un autre aspect peut-être plus surprenant, en tant qu'elle se serait approprié la théorie métaphysique du sujet (cf. Sujet). Il consacre à cette collusion plusieurs pages du *DpM* (p. 417-454). Je me bornerai ici à renvoyer au passage dans lequel Habermas développe l'incapacité dans laquelle se trouve par conséquent la théorie du sujet (celle de Henrich en l'occurrence) de faire face à une philosophie comme celle de Luhmann : « En empruntant à Maturana et à d'autres, Luhmann a élargi et assoupli ses concepts fondamentaux issus de la théorie des systèmes, à un point tel qu'ils sont désormais capables de constituer la base d'un paradigme philosophique compétitif. L'idée que le monde est le fait d'un processus qui s'effectue à travers des différences qui chaque fois opposent un système et un environnement, est une idée qui met hors cours les prémisses ontologiques telles qu'elles régissaient couramment un monde de l'étant rationnellement ordonné, monde d'objets représentables, pour les sujets de la connaissance, ou monde d'états de choses existants, représentables à travers le langage. Une théorie qui présente des systèmes s'engendrant eux-mêmes de manière autoréférentielle, intègre et résorbe aisément l'héritage de la philosophie du sujet. C'est pourquoi un tel naturalisme, qui opère à un niveau philosophique mais qui est en voie d'application concrète, ne rencontrera guère plus de position paradigmatique opposée à lui qui défende, dans le cadre d'une théorie de la vie consciente, une autodescription de l'homme-existant-dans-le-monde-qui-est-le-sien. Je crains, en effet, que la vie consciente du sujet tel qu'il se présente dans sa position double, ressemble déjà trop à l'auto-affirmation du système qui préserve ses propres limites et qui se réfère à lui-même et à son environnement » (*Pp*, p. 30-31).

Théorie critique

* L'expression est due à Max Horkheimer dans un essai, devenu fameux trente ans après sa rédaction (1937) à l'encontre de son auteur, intitulé « Théorie traditionnelle et théorie critique », qui fut un texte programmatique dans le cadre des travaux (alors connus d'un cercle très restreint) de l'Institut de Recherche social alors en exil.

** Issue d'une réflexion qui remonte au milieu des années 20, la proposition de Horkheimer thématise une reformulation du marxisme alors en butte à une vulgarisation qui prétend que l'unité de la science et de la pratique a été réalisée dans le léninisme et définit un dogme qui est non seulement totalitaire mais philosophiquement absurde.

Pour résister à cette facilité, Lukács et Karl Korsch s'employèrent à étayer l'idée que le marxisme devait être en constante révision, et s'appuyant sur le jeune Hegel établirent que la critique devait être un

travail sans cesse remis sur le métier. C'est cette même idée qu'affine Horkheimer en 1937 en opposant la théorie critique à la théorie traditionnelle (la science « bourgeoise » traditionnelle).
Habermas refit seul un parcours très proche dans les années cinquante, sans connaissance aucune des travaux d'avant-guerre. Ayant eu la chance d'être appelé à Francfort-sur-le-Main en 1956, il put enrichir son approche personnelle, sans encore prendre cependant connaissance des anciens travaux. Ceux-ci ne seront rendus à nouveau publics qu'au milieu des années soixante et c'est naturellement que Habermas repris à son compte l'expression « théorie critique de la société ». C'est une démarche à laquelle il est resté fidèle.

*** Voici ce qu'il en dit dans l'entretien accordé au *Monde de l'Éducation* : « En tout cas, je suis resté fidèle aux intentions de l'ancienne génération. Mes intérêts théoriques n'ont pas cessé d'obéir au mobile pratique consistant à rendre visibles les aspects socio-pathologiques que les circonstances dissimulent, à dénoncer des injustices manifestes et à dépister les potentiels de résistance qui n'ont pas encore été tout à fait épuisés. Dans le cadre même de la discipline, en ce qui concerne la double ligne de front, caractéristique de la Théorie critique depuis ses débuts, contre le positivisme, d'une part, et contre la métaphysique, de l'autre, là non plus, rien n'a changé.
Cela étant, j'établis une distinction plus nette entre le rôle du philosophe et celui de l'intellectuel, c'est-à-dire entre ce que je fais dans un cadre universitaire — mon travail scientifique — et mes interventions politiques au sein de l'espace public. Théorie et pratique n'habitent plus sous le même toit. Dans la situation actuelle d'une différenciation des disciplines, une théorie "toute d'un bloc" à la Marx n'est plus possible. Quant à la philosophie, elle ne peut plus se dire détentrice de la vérité avec un grand "V". Il n'y a d'autres solutions que de prendre part à l'entreprise faillibiliste de la science dans toute sa complexité. » (p. 17-18.)

Validité/Prétentions à la validité

* Le terme de validité tend à se substituer à la notion de vérité dans la mesure où une énonciation peut être valide sans être vraie ; elle peut aussi être juste (justesse normative) ou être simplement sincère. Ces trois formes de validité renvoient à une prétention à la (ou une exigence de) validité, en relation avec des actes de parole qui réfèrent au monde objectif (vérité), au monde social (justesse normative) ou au monde subjectif (sincérité).

** C'est à Stephen Toulmin et à sa logique informelle (cf. Argumentation) que Habermas emprunte l'idée d'une exigence de validité liée à un énoncé. « L'homme qui émet une assertion formule également une exigence (*claim*) — il sollicite notre attention et notre confiance […]. Il entend que son énoncé soit pris au sérieux. […] L'exigence (*claim*) qui implicitement va de pair avec l'assertion ressemble à la prétention (*claim*) à un droit ou à un titre. Cette prétention (claim) à un droit, même si elle est finalement accordée sans discussion, sera jugée sur la valeur des arguments qui la soutiennent. Quelle que soit la nature de l'assertion en question […], il nous est possible de la mettre en question, d'exiger qu'on nous fournisse des raisons dont dépendra la nature de l'assertion. C'est dire que nous pouvons exiger une argumentation. » (*Les Usages de l'argumentation, op. cit.*, p. 13-14). On retrouve chez Habermas le même lien entre l'assertion et ce qu'elle prétend ou ce qu'elle exige. Toutefois, là où Toulmin s'appuie sur le seul usage sérieux du langage, Habermas a découvert, à la suite de son ami Apel, ce qu'il appelle les « présupposés pragmatiques de la communication », qui président aux mécanismes mêmes de *toute* prise de parole et de *tout* acte de parole ; et il a souligné le phénomène d'idéalisation qui les accompagne, qui fait que : d'une part, tout locuteur s'adresse, non pas *a priori* (comme dans la pragmatique transcendantale de K.-O. Apel), mais contrefactuellement — en vertu d'une nécessité transcendantale faible —, à la communauté supposée de tous les locuteurs concernés possibles ; d'autre part, accepter la justification c'est en même temps accepter la critique, et donc, *idealiter* (c'est-à-dire en se référant à une situation idéale de parole), imposer (postuler que son interlocuteur admettra) ou admettre le *meilleur argument*. Les prétentions à la validité sont donc par essence universalisables (cf. *SPu*).

*** Cependant, il faut encore aller plus loin dans la différenciation des types argumentatifs (ce que n'a pas fait non plus Toulmin) : nous nous efforçons sans doute de fonder une prétention sur de bonnes raisons, mais celles-ci seront nécessairement fonction du contexte et du monde de référence (objectif, social ou subjectif). S'il s'agit par exemple du contexte subjectif, il est évident qu'on ne peut pas critiquer ma prétention à la sincérité comme on contestera, dans un contexte social, ma prétention à la justesse normative. De même s'il s'agit du contexte culturel, où des valeurs sont remises en cause, le cercle des personnes concernées sera d'emblée restreint, par définition, aux personnes appartenant à ce contexte culturel. Les prétentions à la validité sont donc universalisables, mais toutes ne sont pas universelles. Différenciant, grâce à son analyse du monde vécu et des différents rapports au monde, les types d'énoncés par leur exigence de validité, Habermas dégage donc des types d'argumentations différents, donnant lieu à des logiques argumentatives différentes — qu'il mettra en relation avec une typologie, elle aussi différenciée, des actions. Parmi ces types argumentatifs, il apparaît que deux seulement se différencient à partir d'exigences de validité réellement universelles : les discours où l'argumentation vise à justifier la vérité d'un énoncé, et ceux visant à justifier la justesse d'une norme. Les autres formes d'exigence de validité (la sincérité, la cohérence esthétique, etc.) entraîne une argumentation où le meilleur argument ne vaut que dans un cadre particulier, non universalisable. La typologie habermassienne des prétentions à la validité n'a jamais été définitivement arrêtée ; dans *TAC1* (p. 34), celles qui donnent lieu à un type d'argumentation spécifique sont :

Exigences de validité	Expressions problématiques	Types d'argumentation
Vérité des propositions Efficacité des actions téléologiques	Cognitives Instrumentales	Discussion théorique
Justesse normative	Morales – pratiques	Discussion pratique
Adéquation aux critères de valeur	Évaluatives	Critique esthétique
Sincérité	Expressives	Critique thérapeutique
Compréhensibilité	Toutes	Discussion explicative

Mais, encore une fois, il ne faut pas voir là un tableau systématique.

Vérité

* Catégorie emblématique de la philosophie s'il en est, elle a été pour la philosophie moderne l'objet de soins à la fois précautionneux et avides et elle demeure pour la philosophie contemporaine un objet de méfiance inquiète. Sans doute est-ce pour cette raison qu'il est impossible de donner de la conception habermasienne de la vérité une définition « simple ».

La difficulté tient minimalement en deux points : d'une part, Habermas s'inscrit dans une tradition critique pour laquelle la catégorie de vérité est toujours une idée-limite ; d'autre part, le tournant pragmatique opéré au début des années soixante-dix a conduit Habermas à tenter de rendre cette limite moins inaccessible et donc à aborder la question de la vérité sous un tout autre angle.

Bien qu'il nous faille être très succinct, il n'est peut-être pas inutile de rappeler que la culture et la philosophie occidentales ont vu en leur sein se développer (sinon s'affronter) deux acceptions de la vérité : l'une théorétique — la vérité comme correspondance ou comme adéquation de la chose et de la pensée de la chose —, qui, pour rester sommaire, trouverait son origine dans la Grèce antique ; l'autre pratique — la vérité comme révélation et/ou comme apocalypse (manifestation de la vérité à la fin des temps) —, qui trouverait son expression archétypique dans le christianisme (cf. la parole du Christ : « Je suis le Chemin, la *Vérité* et la Vie », Jean XIV, 6).

Pour faire un premier point, nous dirons donc que Habermas a appréhendé sous deux angles radicalement différents une conception de la vérité héritière de la tentative hégélienne de fusion de ces deux acceptions (cf. *infra* **) ; sous un premier angle (1954-1970), en pensant la vérité comme source d'émancipation permise par une autoréflexion critique visant la connaissance de soi (à la fois comme être connaissant et comme être social) la plus transparente à elle-même, sous un second angle (1971-) en pensant la vérité comme condition d'une entente non perturbée au sein de la communauté humaine de communication.

** S'il fallait faire l'histoire des tentatives visant à réduire à une seule les deux acceptions de la vérité proposées ci-dessus (ou l'histoire de l'échec relatif mais constant de ces tentatives), c'est l'histoire de la pensée occidentale médiévale et moderne (et même contemporaine) que nous aurions à écrire. On devra s'en abstenir non sans retenir toutefois deux moments clés qui marquent la modernité éclose : (a) l'un exprimé par l'attitude de Kant, qui, à la lumière des succès de la science moderne, entreprend une autocritique de la raison le conduisant à privilégier la liberté et la loi morale comme idée et instrument régulateurs de la pratique humaine (en vue d'une humanité accédant à son concept), et à ne plus retenir de la vérité qu'une définition théorétique conforme au seul exercice de la science (la vérité est l'accord de la pensée et de l'objet), il n'y a pas de critère universel pour la vérité matérielle des jugements, mais seulement un critère formel (l'accord du jugement avec les lois de la pensée) ; (b) l'autre exprimé par l'attitude de Hegel, qui propose — ce qui est sans doute la dernière véritable tentative de fusion des deux acceptions de la vérité —, de projeter en quelque sorte l'autocritique de la raison dans l'histoire et de penser à son terme vérité et liberté réunies dans l'absolu réalisé — savoirs et pratiques convergeant vers cet instant définitif.

En s'efforçant de penser l'histoire à travers les lois de la logique dialectique, Hegel offrit pendant un temps l'illusion de pouvoir ranger la volonté et le désir d'émancipation des peuples sous la catégorie de la nécessité, ce qui fut la limite de son entreprise. L'idée que l'histoire humaine tend « naturellement » vers la réalisation de l'absolu fut pour cette raison assez vite contestée, notamment par quelques-uns de ses disciples et par son ancien compère Schelling, lesquels retenaient toutefois que, si la vérité ne saurait se réaliser dans un absolu, au demeurant impensable positivement, le progrès de l'histoire pouvait néanmoins se penser dans la possibilité de faire jaillir des étincelles de vérité. Hegel était allé trop loin dans la systématisation (dépossédant même l'humanité de la réalisation de son histoire) et il fallait reprendre l'ouvrage exactement au moment où le jeune Hegel s'était éloigné de Kant — d'où on appellera d'ailleurs ces disciples jeunes-hégéliens. Il fallait penser comme le Kant de « Qu'est-ce que les Lumières ? » que l'humanité était responsable de son maintien dans l'état de minorité, et donc responsable de son éventuel accès à l'état de majorité, mais aller au-delà de Kant en admettant que la critique de la science moderne était elle-même porteuse d'un type de vérité (applicable à tous les types de connaissance), qui était l'indice d'une plus grande liberté en ce qu'elle permettait à l'homme une meilleure connaissance de lui-même, une plus grande conscience de soi. Il fallait autrement dit redéfinir la critique, et étendre la démarche kantienne à toute la connaissance, et faire en sorte que la théorie, par l'autocritique et l'autoréflexion permanentes, devienne pratique, la vérité jaillissant de cette adéquation entre théorie et pratique, la connaissance de soi, la conscience de soi devenant émancipation.

Si j'ai opéré ce détour un peu long, c'est que, outre Marx, sont sortis de ce creuset, ceux qui, un siècle plus tard, vont relire Marx avec des lunettes jeunes-hégéliennes, de Lukács à l'École de Francfort (cf. *supra*). Habermas n'appartient pas, on le sait, à l'ancienne génération francfortoise, sa démarche personnelle l'amène cependant à retrouver la même attitude, à partir de Schelling — dans une thèse, notamment, qui porte sur l'opposition insurmontable de l'Histoire et de l'Absolu. Cette thèse vise peut-être également à retrouver dans l'Idéalisme allemand l'opposition heideggérienne de la vérité de l'être et de l'histoire de l'être, mais la publication par Heidegger en 1953 de *L'Introduction à la métaphysique*, texte de 1935 où il est question de la *vérité* interne du mouvement national-socialiste, range définitivement Habermas du côté de la critique jeune-hégélienne (cf. la première partie de *DA&dG*), c'est-à-dire d'une alliance de la vérité et de l'émancipation. Sa collaboration entre 1956 et 1959 avec les anciens Francfortois l'orientera durablement dans cette direction, jusqu'à *C&I* qui propose un modèle critique résolument fondé sur la métacritique autoréflexive. La théorie de la vérité y demeure latente, mais *C&I* est indéniablement un ouvrage sur l'élaboration de la connaissance vraie, une telle connaissance pouvant être définie comme une connaissance qui intègre son intérêt émancipatoire, moyennant quoi la théorie critique de la connaissance peut se muer en théorie critique de la société. Le plan de *C&I* est de ce point de vue très clair : à partir d'une matrice qui établit le mouvement métacritique (d'une autoréflexion autocritique) engagé par Kant, poursuivi par Hegel et Marx, Habermas se propose de le mener aussi loin que possible, en reconstruisant les approches contemporaines élaboratrices de la connaissance (dans le domaine des sciences de la nature, des sciences sociales et humaines, des sciences critiques) en fonction de leur capacité à traduire la relation sujet-objet (activité instrumentale) *et* la relation sujet-sujet (activité déjà dite « communicationnelle »), la connaissance la « plus vraie » étant celle qui est capable de restaurer, voire de préserver la relation sujet-sujet par une critique permanente des déformations de la communication, autrement dit par une critique de l'idéologie (aussi appelée « herméneutique des profondeurs »). Habermas nous offre donc une reconstruction dialectique des différentes théories de la vérité, depuis la vérité-correspondance du positivisme jusqu'à une vérité d'émancipation obtenue par la critique de l'idéologie (présentée comme une extension à l'échelle de la société de la psychanalyse professée notamment par Alfred Lorenzer et Alexander Mitscherlich), en passant par la vérité herméneutique des sciences de l'esprit. À cet égard, *C&I* se présente à la fois comme une réponse à *Vérité et Méthode* de Gadamer dont la position apparaît comme conservatrice et traditionaliste (proche des « continuités allemandes », en somme), mais aussi comme une solution de remplacement au modèle critique développé par Adorno (essentiellement fondé sur les contenus de vérité présents dans les œuvres d'art les plus exigeantes). C'est alors (1968-1971) que s'engage une controverse avec Gadamer (cf. Gadamer, *L'Art de comprendre I*, 1982 et J. Habermas, *PUH* dans *LdSS*), qui fait valoir que cet intérêt émancipatoire de la connaissance est un intérêt que le philosophe projette sur la société mais ne vient nullement de la société elle-même, qu'en somme Habermas rêve de provoquer l'histoire au détriment même de l'histoire naturelle de l'espèce humaine.

Le contexte aidant, Habermas accepte cette objection et entreprend une complète refonte de son modèle critique (ce que l'on appelle le « tournant pragmatique ») en abandonnant tout recours à la philosophie de la conscience de soi et à la philosophie de l'histoire.

Ce n'est donc pas un hasard si le premier texte qui engage cette refonte s'intitule « Théories relatives à la vérité » (1972) (*TV* dans *LdSS*). On y retrouve les différentes approches mises en perspective dans *C&I*, mais étudiées cette fois dans une optique qui relève de la philosophie du langage — seule candidate sérieuse, de fait, pour une étude philosophique de la communication, si on entend la débarrasser des scories de la conscience de soi dans l'histoire.

*** Ce texte est sans nul doute (avec *SPu* [1976] dans *LdSS*) la véritable matrice de la production habermasienne des décennies à venir. Habermas y reprend les théories exposées sous l'angle de la connaissance dans *C&I*, mais cette fois pour elles-mêmes, et dégage la théorie consensuelle de la vérité (cf. Consensus et Pragmatisme) comme étant la seule approche dont on pourrait dire aujourd'hui qu'elle répond exactement aux exigences d'une pensée moderne en ce qu'elle est postmétaphysique, linguistique, et qu'elle assume l'inversion du primat de la théorie par rapport à la pratique.

L'approche de Habermas a peu changé de ce point de vue même si elle s'est précisée. Soulignons simplement ceci, assumant l'inversion du primat de la théorie par rapport à la pratique, la théorie consensuelle de la vérité s'est de plus en plus muée en théorie consensuelle de la validité — non sans mal il est vrai, du fait notamment du cognitivisme requis par Habermas qui fait par exemple qu'un énoncé juste se déclare dans une certaine mesure, parce que les référents doivent être connus, comme un énoncé juridiquement ou moralement « vrai ».

Abréviations

Ouvrages de Habermas

Ep	*Espace public*, trad. M. B. de Launay, Paris, Payot, 1978.
T&P	*Théorie et Pratique* (1963, 1971^2), trad. G. Raulet (1971^2), Paris, Payot, 1975.
Ppp	*Profils philosophiques et politiques* (1971), trad. F. Dastur, J.-R. Ladmiral et M. B. de Launay, Paris, Gallimard, 1974.
T&SI	*La Technique et la Science comme « idéologie »* (1968), trad. J.-R. Ladmiral et M. B. de Launay, Paris, Gallimard, 1974.
C&I	*Connaissance et Intérêt* (1968), trad. G. Clémençon, Paris, Gallimard, 1976.
R&L	*Raison et Légitimité* (1973), trad. J. Lacoste, Paris, Payot, 1978.
ZRdhM	*Zur Rekonstruktion des historischen Materialismus*, Francfort-sur-le-Main, Suhrkamp, 1974.
LdSs	*Logique des sciences sociales et autres essais*, trad. R. Rochlitz, Paris, PUF, 1987.
	dans *LdSs* :
TV	« Théories relatives à la vérité » (1972).
SPu	« Signification de la pragmatique universelle » (1976).
AM	*Après Marx*, trad. partielle de *ZRdhM*, J.-R. Ladmiral et M.B. de Launay, Paris, Fayard, 1984.
KpS	*Kleine politische Schriften I-IV*, Francfort-sur-le-Main, Suhrkamp, 1981.
TAC1&2	*Théorie de l'agir communicationnel* (1981), 2 vol., trad. J.-M. Ferry (1) et J.-L. Schlegel (2), Paris, 1987.
M&C	*Morale et Communication* (1983), trad. Chr. Bouchindhomme, Paris, Éd. du Cerf, 1986.
D&M	*Droit et Morale* (1984), trad. Chr. Bouchindhomme et R. Rochlitz, Paris, Éd. du Seuil, 1997.
DpM	*Discours philosophique de la modernité* (1985), trad. Chr. Bouchindhomme et R. Rochlitz, Paris, Gallimard, 1988.
Épo	*Écrits politiques*, trad. Chr. Bouchindhomme et R. Rochlitz, Paris, Éd. du Cerf, 1988.
Pp	*La Pensée postmétaphysique* (1988), trad. R. Rochlitz, Paris, Armand Colin, 1993.
DÉD	*De l'éthique de la discussion* (1991), trad. M. Hunyadi, Paris, Éd. du Cerf, 1992.

T&C	*Textes et contextes* (1991), trad. M. Hunyadi, Paris, Éd. du Cerf, 1994.
S&TL	*Sociologie et Théorie du langage* (1971), trad. R. Rochlitz, Paris, Armand Colin, 1995.
	« "L'Espace public" 30 ans après » (trad. de la préf. à la nlle éd. all. de *L'Espace public* [1990] par Ph. Chanial et T. Straumann) dans *Quaderni*, n° 18, 1992.
D&D	*Droit et Démocratie* (1992), trad. R. Rochlitz et Chr. Bouchindhomme, Paris, Gallimard, 1997.
Ir	*L'Intégration républicaine* (1996), trad. R. Rochlitz, Paris, Fayard, 1998.
VsEzsA	*Vom sinnlichen Eindruck zum symbolischen Ausdruck*, Francfort-sur-le Main, Suhrkamp, 1997.
AÉN	*Après l'État-nation* (1998), trad. R. Rochlitz, Paris, Fayard, 1999.
V&J	*Vérité et Justification* (1999), trad. R. Rochlitz, Paris, Gallimard, 2001.
ANh	*L'Avenir de la nature humaine* (2001), trad. Chr. Bouchindhomme, Paris, Gallimard, 2002 [à paraître].
UpI	*L'Usage public des idées*, trad. Chr. Bouchindhomme, Paris, La Découverte, 2002 [à paraître].
CrQé	« Comment répondre à la question éthique ? », trad. Chr. Bouchindhomme, ms, 2001 ; à paraître dans un volume d'hommages à Jacques Derrida, chez Galilée, 2002.

Autres ouvrages cités

Karl-Otto Apel, *Transformation der Philosophie*, Francfort-sur-le-Main, Suhrkamp, 1973 ; trad. partielle *L'Éthique à l'âge de la science*, trad. R. Lellouche, I. Mittmann, avec la collab. d'A. Laks et Chr. Bouchindhomme, Lille, PUL, 1987.

Id., « Retour à la normalité ? » dans *Discussion et Responsabilité 2*, trad. Chr. Bouchindhomme et R. Rochlitz, Paris, Éd. du Cerf, 1998.

Id., « Relation entre droit et Morale », dans *Études philosophiques*, trad. J.-F. Kervégan, 1/2001.

John L. Austin, *Quand dire c'est faire* (1962), trad. G. Lane, Paris, Éd. du Seuil, 1970.

Martin Jay, *L'Imagination dialectique* (1973), trad. E.E. Moreno et A. Spiquel, Paris, Payot, 1977.

Stephen Toulmin, *Les Usages de l'argumentation* (1964), trad. Ph. De Brabanter, Paris, PUF, 1993.

Albrecht Wellmer, *Ethik und Dialog*, Francfort-sur-le-Main, Suhrkamp, 1987.

Rolf Wiggershaus, *L'École de Francfort* (1986), trad. L. Deroche-Gurcel, Paris, PUF, 1993.

Sommaire

Action/activité/agir (*Handlung, Handeln*) 5
Actes de parole (ou de langage, ou de discours) 9
Allemagne 15
Argumentation 20
Aufklärung 24
Communication/action, activité, agir communicationnel(le)
   (voir aussi Action, Argumentation) 26
Connaissance 29
Conscience morale 31
Conscience de soi (voir Sujet) 33
Consensus 33
Critique (voir Connaissance, Vérité, Argumentation) 35
Démocratie 35
Discussion (*Diskurs*) 39
Droit (voir Démocratie et Système) 41
École de Francfort 41
Espace public (voir *Öffentlichkeit*) 43
Éthique/Morale 43
Idéalisations/situation idéale de parole 46
Intérêt (voir Connaissance) 48
Intersubjectivité 48
Justification (voir Argumentation) 50
Langage (voir Actes de parole, Argumentation,
   Communication, Intersubjectivité) 50
Modernité 50
Monde (et Images du monde) 54
Monde vécu (*Lebenswelt*) 56
Morale (voir Éthique, voir aussi Conscience morale) 58
Öffentlichkeit 58
Postmétaphysique 60
Pragmatique 62
Pragmatisme 63

Présuppositions pragmatiques (voir Actes de parole,
   Consensus, Idéalisations) 65
Raison/Rationalisation (voir Action/activité, Actes de parole,
   Argumentation, Communication, Modernité) 65
Réalité (voir Monde) 65
Situation idéale de parole (voir Idéalisations) 65
Sujet (voir Intersubjectivité) 65
Système 66
Théorie critique 68
Validité/Prétentions à la validité 70
Vérité 72

Achevé d'imprimer en novembre 2002 par Normandie Roto Impression s.a.s., 61250 Lonrai
N° d'impression : 02-2574 - Dépôt légal : novembre 2002 - *Imprimé en France*